ブッダとサンガ

〈初期仏教〉の原像

三枝充悳

法蔵館文庫

本書は一九九九年八月一〇日法藏館より刊行された。
文庫化に当たり、『三枝充悳著作集』第三巻・第四巻
に基づき補訂した。

まえがき

　さきの敗戦のあと兵役から復学し、はじめて触れた仏教・仏教学は、それまで西欧の文学・哲学・宗教・思想になじんできた私に、格別の感銘と関心を呼び醒まし、まもなくその熱中へと進展して現在に及んでいるが、そのさい少数の素朴な疑念や不審も同時に拭いきれなかった。

　当初の私の仏教学への傾倒は仏教思想そのものの探究と解明に係わり、最初は初期大乗仏教に、つづいて創始期の仏教に集注して、前者はナーガールジュナ（龍樹）に学んだ卑見を『龍樹・親鸞ノート』（ほかに『中論』など）とし、後者は『初期仏教の思想』として公刊した。

　やがて上述の私の素朴な疑念や不審を溶解しようとこころがけ、とりわけ「ブッダ＝仏＝ほとけ」、また「僧＝サンガ＝仏教教団」に関して、諸資料を捗猟し、そのなかに私なりの論考を重ねた。併せて、長年私に宿っていた〈原始仏教〉の術語に対する異和感を

〈初期仏教〉への改称により解消し、それを透徹させた。

古来、全仏教の標識とも称される〈三宝〉をめぐり、その〈法宝〉の研究はかねてひとまず刊行しおえ、いまここに〈仏宝〉と〈僧宝〉とに関する拙論の各四篇を上梓する機会に恵まれた。この小著は、『ブッダとサンガ』を標題とし、内実に顧りみて「〈初期仏教〉の原像」の副題を付す。

本著の計八章は右に由来してⅠとⅡとに分かれ、Ⅰでは各章内の各節に見出しを記したが、Ⅱは煩雑を省いて各節の番号のみを掲げる。

これらの拙稿は、現在までの卓越した諸学者の著述にすべてを負っており、なかでも、中村元・平川彰両先生の諸業績に学び、また幾多の先学・知友に励まされて、ようやく今日にいたる。さらにまた法藏館社長の西村七兵衛氏と同東京事務所の中嶋廣氏とにより、この単著刊行は実現し得た。以上の皆様にこころからの御礼を申しあげる。

一九九九年六月十三日

亡父（一九四六年没）の命日に

三枝充悳

目次

ブッダとサンガ——〈初期仏教〉の原像——

略号表

大正	『大正新脩大蔵経』
PTS	Pāli Text Society
DN.	*Dīgha-Nikāya*（PTS）
MN.	*Majjhima-Nikāya*（PTS）
SN.	*Saṃyutta-Nikāya*（PTS）
AN.	*Aṅguttara-Nikāya*（PTS）
Bṛhad. Up.	*Bṛhadāraṇyaka Upaniṣad*
Chānd. Up.	*Chāndogya Upaniṣad*

I　インド仏教史の時代区分とブッダ観

第一章　インド仏教史の三分割

インド仏教史を、初期・中期・後期に三分割するという時代区分を提案したい。**一**には時代区分が要請される所以を四点にわたって述べ、**二**には従来の諸研究を渉猟し、**三**に三分割という時代区分の内容を論ずる。したがって、**三**がこの論稿の骨子となる。

一　時代区分の要請

インド仏教には釈尊（ゴータマ・ブッダ）という明確な始元（Anfang）が存在する。そして、もしもインド仏教がその始元において確固たる定説を構築し、不動のまま後代まで持続されたという経緯を辿ったのであれば、時代区分は無用であり、この類いの設問自体が無意味に帰する。たとえば『リグ・ヴェーダ』、あるいはパーニニの文典のように、三千年ないし二千数百年以前に確定され、以後まったく変化を受けることなく一貫して保持されており、いわば原型が現存するというケースでは、時代区分を問う余地はない。

それに反して、インド仏教は、釈尊以後千六百余年の長い期間に、あまりにも多くのことがらが生起し（geschechen）、明らかに歴史（Geschichte）を形成している。その間の推移はまことに複雑多岐にわたり、インド仏教は明白・確実にインド仏教史として展開した（以上(1)）。

しかし種々のことがら・諸事象が生起するという場合、それらの一々のデータをただそのままに羅列して記録するというのではなくて、それらの諸事象とデータとを或る統一的な視点から考察し、その視点による一種の価値判断にもとづいて、それらから重要視され得るもののみを選択して記述するところに、真の意味の歴史は成立する。

さらに歴史において肝要なことは、どのような時代においても、それぞれの時代に生きた人々はすべて、その時代を「現在」（現代）としていたのであり、各々の現在（現代）における諸活動がデータに残されている。そのために、極言するならば、歴史の内部に沈潜しているかぎり、たとい縦横に価値判断を走らせ、また統一的な視点に依拠したとしても、そこには歴史の記述はあっても、未だ時代区分の考察には到達し得ない。

このことは、たとえば大島康正博士の少壮時代の著『時代区分の成立根拠[1]』に詳述される。一例をあげれば、歴史〔学〕の創始者とされるヘロドトスならびにツゥキュジデースは、歴史記述をスムーズに行なう一手段として、歴史の推移を巻別に分類するという方法を採用したものの、それ以上の進展を見ることはなく終わった。同書（四五ページ）によれば、「古代ギリシアにおいて時代区分を試みたものは、ボエオチアの農民詩人であり、かつ宗教詩人であったヘシオドス」に帰せられる。それは、「時代区分は本来人間の歴史の区分でありながら、しかも事実において固有の歴史そのものの内部からは成立し得ず、かえって超歴史的なものに根拠づけられて、歴史外的なものとの媒介の上に、その転換が規定せられてくるということ」にもとづく。

こうして、古代ギリシアのヘシオドスにより、中世には、エウセビオス、アウグスティヌス、パウルス・オロシウス、あるいはセヴィリアのイシドルスのような、神学者ないし宗教哲学者によって、歴史の時代区分が主体的に試みられた。近代に入り、その指導的理念は一語であらわせばヒューマニズムであり、しかも「この理念自身の本来的な性格は、つねに人間的な普遍性、すなわちいわば人間の全人的把握の理念であった。……このようなヒューマニズムの理念に根拠づけられて、近代の代表的な時代区分の試みとして最初に登場したものが、いわゆる時代三分法（Dreiteilung）――世界史を古代・中世・近代（Altertum, Mittelalter, Neuzeit）の三期に分割する時代区分である」[2]（以下にさらに叙述はつづくがすべて略す）（以上⑵）。

インド仏教史はいちおう十三世紀初頭をもって終末を迎えた、ということができよう。すなわち、イスラーム軍による一二〇三年のヴィクラマシラー大寺の徹底的な破壊とともに、それまですでに衰運がその足下に迫っていた仏教は、インドに消滅する。換言すれば、この大寺の喪失によって、〔おそらくほぼ同時代にその他の群小の寺院も衰滅して〕仏教のセンターであるサンガ（仏教教団）が滅亡したあとには、インド仏教を継承して行く依《え》所《しょ》はない。確かに、敬虔な出家者や在家信者がなお散在して、なんらかの仏法を伝え、あるいはごく小規模の寺院・僧房・僧窟が暫時残存したとしても、それらは永続し得ない。インドには仏典類は散逸して消え、往時のストゥーパを初めとする記念碑的なものは、次第にまたは急激に仏教遺跡と化して行く。〔ブッダ＝仏教そのものがヒンドゥー教のヴィシュヌ派内に吸収されたとの説も一部は妥当する〕。

ときに、近隣のネパールなどの大乗仏教、スリランカなどの上座仏教が、インドに多少の刺戟をあたえたであろうけれども、見るべきものはすでにない。十九世紀末にダンマパーラによって大菩提会がインドに設立され、二十世紀半ばにはアンベードカルなどの指導のもとに、いわゆるネオ・ブッディズム運動が一時盛りあがり、インド独立後の一九六一年の国勢調査に仏教徒三百二十五万人の数があげられてはいるものの、これらはいずれも、かつてのインド仏教との断絶があまりにも大きい。

このようにして、インド仏教史は、およそ前五世紀の始元と十三世紀初頭の終末とが、厳として存在し、その間の千六百余年に関して時代区分が施される（以上(3)）。

仏教の始元からの約百年間（別説二百余年）を、わが国では原始仏教と呼ぶのがほぼ明治中期以来の慣例となっているとはいえ、おそらくこの呼称の原語と推定される primitive Buddhism, Urbuddhismus に関する考察が深まって、もはや外国で使用される例は極端に減少したにもかかわらず、わが国のみひとり現在もなおこの名称が広汎に用いられる。かねてそれへの不満と不信とを抱いていた私は、なお不完全を残すものの可能なかぎりの資料を集め、欧米の諸言語やキリスト教との比較などをも含む諸方面からの考察を行なって、この呼称を廃し、「初期仏教」と呼ぶのが妥当であろうとの小論「〈原始仏教〉について」[3]を発表した（小論に対する批判を切に希望する）。こうして、初期仏教と命名する以上は、当然それ以降のインド仏教史をいかに扱うかを明確にしなければならない。

右の初期仏教の名称は、すでに拙著『初期仏教の思想』で用いており、この書に収めた論文の初出は一九七三年四月[4]であって、私自身はこの名称に十余年間なじんでいる。その間に、たまたま拙著『ヴァスバンドゥ』の冒頭に[5]、インド仏教史のごく大まかな梗概を記すスペースがあり、初期・中期・後期の三分割を論じた。この拙論にもそれを採用するが、中期と後期とを区分する年代に関して、その後に熟慮を重ねて現在に及び、右の拙著の記述に対する異論をみずから実感し了解しているので、この点は以下の三に詳述する（以上(4)）。

二　従来の諸研究

インド仏教史はインド史の中の一部であるから、まずインド史に関する従来の諸研究を見てみよう。

インド史研究は当初はインドを領有支配していたイギリスが主流をなし、Cambridgeのものも、Oxfordのものも、もしくはインド人のH. H. Dodwellの研究も、いずれもインド史を三分割し、そのうち近—現代のイギリス統治時代に重点が置かれる。この風潮は時代とともに次第に稀薄化するとはいえ、それでもたとえば山本達郎編『インド史』および岩本裕『インド史』にも、占めるページ数においてはやはり右の傾向を脱していない。比較的最近の研究書の代表としてRomila ThaparとPercival SpearとによるPenguin Booksの『インド史(6)』を見ると、全体を章に分かつのみで、時代区分という配慮は欠ける。ただしここでは、ヒンドゥーの扱いが前述の諸研究書に比して倍増している点に、とくに関心が集まる。

以上きわめて概略的な考察によっても、インド史の専門家による時代区分は、周知のとおり、古代、中世、近世（近代）の三分割をとる。そして古代はおおむね七世紀半ばのハルシャ王朝の瓦解まで、ときに十二世紀末にゴール王朝が北インドを征圧する時代まで、中世は右のあと、ほぼ一七五八年のプラシーの戦いにイギリス軍が勝利を収めてインド統治を不動のものとするまで、近代をそれ以降とする。さらには、古代をヒンドゥー時代、中世をイスラーム時代、近代をイギリス植民地時代〔つづく時代をインド独立時代〕と特徴づける。

右のとくに古代の年代に関して、D. D. Kosambi『インド古代史』[7]は十二世紀まで、Ram Sharan Sharma『古代インドの歴史』[8]は七世紀までとするのに対して、中村元『インド古代史』[9]はクシャーナ帝国の時代すなわち三世紀までを古代とし、したがって中村博士は、グプタ王朝期の四世紀初めからイスラームの侵入がインド中央部に達する十一世紀までを中世とされて、この間をヒンドゥー時代と見なしておられる。

つぎにインド哲学史・インド精神史・インド思想史といった類いの研究書を渉猟すると、そのほとんどすべてが、テクスト・個人・学派・王朝などの固有名詞をもって、各章を構成し、それによる通史が論ぜられる。

宇井伯壽博士の『印度哲学史』は、序論に第一期ヹ《ママ》ーダ時代と第二期ブラーフマナ時代のあと、本論は、第一期（計十章）が前八〇〇〜前三五〇年、第二期（計十四章）が前三五〇〜後一五〇年、第三期（計十五章）が一五〇〜八〇〇年とされ、そのなかの各章は右に述べた固有名詞による。あと余論に、八〇〇年以後の状勢を付言する。

金倉圓照博士には『印度古代精神史』と『印度中世精神史』上中二巻とがあり、古代を前五〇〇年まで、中世を前五〇〇〜後五〇〇年の約千年とし、古代より中世への過渡期にスートラを挙げ、中世は「法典文学の終をもって下限としたい[10]」とされる。また「印度精神がその特異性を完全に実現したのは、まさしく中世においてであった」ともいわれる。しかし金倉博士の『印度哲学史要』と『インド哲学史』には、「印度哲学史は一つの渾然たる集団をなしている所に特色が認められる。西洋においては、古代哲学は中世思想によって排除せられ、中世思想は近代哲学によって揚棄せられた。しかるに印度ではこれに相当すべき事象は認識せられない。……一度できた体系は、後に他の新しい有力な思想が生まれても、依然それと並行して生命を保って行く[11]」と強調される。

中村元博士の『インド思想史』は、全体を十章（十一章に附論）に分かち、種々の固有名詞と歴史学の諸術語とを巧みにミックスして論述される。時代区分は明示されないものの、なかにはたとえば「中世的宗教」の語により九世紀ないし十一世紀ごろ以降を指示し、つづいて「近代的思想」の語を用いて十四世紀以降の諸思想家を論じておられる。また中村博士の大著『世界思想史』全七巻は、古代思想、普遍思想（上・下）、中世思想（上・下）、近代思想（上・下）より成り、世界思想全体を扱うなかで、とくにインド思想史に注目すると、古代はウパニシャッドまで、普遍思想は前六〜五世紀以降、ただし時代区分の扱いはこれが中世に含まれ、近代はほぼ十五世紀以降とされる。しかしこれらはときに錯綜しており、右の年代の明確になしがたい旨が語られる。

早島鏡正・高崎直道・原実・前田専学『インド思想史』は、古代、中世、近―現代の三分割を掲げて、古代をヴェーダから仏教の唯識・如来蔵また六派哲学確立まで、中世をグプタ王朝崩壊の五世紀よりおよそ十七〜十八世紀までとし、近―現代に英領インドおよび現代の動向を扱う。

第二次世界大戦後の外国書の代表としてただ一点のみを選択し参照すると、Walter Ruben『インド哲学史』は全体を三十一章に分け、固有名詞による各章のもとで論ぜられており、時代区分はない。

最後に、インド仏教史の従来の諸研究を検討しよう。

古くは、正法・像法・末法による（「後五百歳説」を含む）時代区分があり、これは明らかに〔ほぼ人類に共通の〕時代下降思想というイデーにもとづく。また幾多の中国仏教者と何人かの日本仏教者とによって、世にいう「教相判釈」（教判）が施され、これも一種の時代区分であるとはいえ、これら両者は、現在においてはもはやとりあげるに及ばない。

さらに小乗と大乗という区分があって、これはインド起原のあと、とくに中国仏教においてかなり広く流布しており、今日の欧米で公刊されるインド仏教史（インド思想史の類いを含む）にもなおしばしば見うけられるものの、小乗の語の不適切な濫用が反省されて、少なくともわが国の学界ではほとんど消滅した。

この小乗仏教の不当な語を、原始仏教と部派仏教とに分割して論じたインド仏教史に、龍山章真博士の著述[12]があり、1原始仏教時代、2部派仏教時代、3大乗仏教時代、4密教時代、と四分割する。これと類似のものに、André Bareau の著書[13]があるが、これは別人のドイツ語訳なので、原文のフランス語は不明ながらも、ほぼ右の四分割に近い。

古くはターラナータのインド仏教史から、新しくは佐々木教悟・井ノ口泰淳・高崎直道・塚本啓祥『仏教史概説・インド篇』まで、また奈良康明『仏教史』も、さらにはE. J. Thomas の仏教思想史なども、前述したような固有名詞による章立てのもとに、通史を記述している。

最も詳細な学術書は平川彰博士の『インド仏教史』上下二巻と思われるが、これは全体を、1原始仏教、2部派仏教、3初期の大乗仏教、4後期の大乗仏教、5秘密仏教、と五分割がなされる。大乗仏教が初期と後期とに二分されて中期の語は現われないとはいえ、

4のなかに「中期大乗経典」の語があって、かなり詳細な説明が加えられる。

三　インド仏教史の三分割

私案はインド仏教史に時代区分を施して三分割する。これはインド史また西洋哲学史の三分割と共通する。ただし上述のとおり、インド仏教史はインド中世に衰滅しているために、古代・中世・近代（近世）ではなくて、初期・中期・後期とするのが最もふさわしい。以下にそれぞれの内実を述べる。

初期仏教は、一般に原始仏教と呼ばれているものに符合し、釈尊からいわゆる第二結集の根本分裂までの約百五十年間、もしくはアショーカ王を含むマウリヤ王朝繁栄の時代までの約二百年間（ともに別説がある）をいい、この時代に、仏教が創始され、その教説・実践・教団などの基盤が固められて、いわゆる初期経典（律蔵原典を含む）が成立し、それが口誦によって伝承される。ただしこの時代は、どちらかといえば、仏教がいわば対外的に拡大して行く方向にかなり忙しく、また口伝には増広や削除や再編集などが混じて、それらはつぎの中期仏教の初頭にあらためて〔それぞれの部派において〕ほぼ現存する形に編集され固定する。

中期仏教は、それを引き継いで、一方に部派仏教を、他方にしばらく遅れて〔初期〕大乗仏教の興起と繁栄とを迎える。この時代に仏教は最も活気に溢れて、僧俗ともに各地の民衆の多大の支援を獲得し、一言であらわせばインド仏教のクライマックスに達する。

詳述すれば、部派は再—細分裂（枝末分裂）を重ねた末に、二十あまりの各部派ごとに、それぞれの教義を確立し、初期経典（現存律蔵を含む）を確保して固定したなかに、傑出した論師たちによる諸論書が数多く成立する。しかしここには専門家の出家者中心の色が濃い。〔それを諸地域の広汎な信徒が支えた〕。

おそらくその風潮を傍らに凝視しつつ、敬虔で熱心な在家信者のグループが各地に散在し、それらの動向と連携して、やがて大乗仏教運動がようやく散発的に兆し始め、それはついに初期大乗経典群を生む。そしてそれらがかなり出揃ったあとに、たとえばナーガールジュナのような大論師が登場し、卓越した論書によって不動の地位を築く。

ただし北インドはクシャーナ王朝樹立までの二百余年間、外来民族の侵略があいつぎ悪逆非道の横行した乱世のさなか、初期大乗仏教の多くは、あるいは空の思想を深め、あるいは従来の解脱中心から救済探究の途を追い求めて、ここには無力な在家信者の切々たる願望が強く反映する。そのほか一般的に、大乗仏教は自己の完成よりも他者への指向に大きく傾き、それは別の角度から見れば世界宗教へのアプローチを開拓する。

上述したように、拙著『ヴァスバンドゥ』では、中期仏教を七世紀の密教確立までとしたけれども、つぎに掲げる諸理由により、グプタ王朝の成立する三二〇年すなわち四世紀初めまでの約五百五十年間を、中期仏教と扱いたい。

第一は、グプタ王朝という完全なヒンドゥー王朝がインド統一を果たして、ヒンドゥー教がインド全土に隆盛を極め、六派の正統哲学、サンスクリット文学、それまで伝承されてきた大叙事詩やプラーナ聖典や諸法典や政治論書の完成などが、百花妍を競い合う。確かに、この時代に仏教においても中期大乗仏教と概括される新しい思想・学説が興り、大寺院(14)での仏教は勢力を振ったとはいえ、すでに仏教に対する民衆の帰依は次第に衰退に向かってインド社会からはやや孤立しつつあり、またこの時代以降の仏教の諸論師は、諸部派内部だけではなく、インド哲学の各派との論争をもはや回避することが不可能の状勢に陥り、やがてはその論戦に熱中する。

第二は、右と関連して、中期仏教の前半ごろまで（とくに前三世紀～後二世紀）盛んに見られたストゥーパの建立とその繁栄とは、すでに影をひそめる。一部には大塔を建て窟院を拓くなどの事業が存続し二世紀以降は仏像彫刻が始められるものの、ヒンドゥー化の着実に進行するなかで、民衆の仏教からの離脱はやがて決定的となり、やや年代は下るとはいえ、玄奘のインド旅行（六二九～六四五年）に記される荒廃した仏教遺跡への哀悼は、釈尊成道の地ブッダガヤーまでも含まれている。

第三は、ほぼ五世紀と推定されるアサンガとヴァスバンドゥとの傑出した業績がとくに目だつけれども、かれら二人だけを中期仏教に編入するのは、どこかそぐわないばかりか、かれらを継承する仏教学の伝統は以後絶えることがなく、おそらく十一世紀のモークシャーカラグプタあたりまで延々としてつづき、思想的にも学説上もあるいはたとえばヨーガーチャーラ（瑜伽行《ゆがぎょう》）の実践などもかなり緊密に連結しており、その途中の七世紀で切断するにはあまりにも無理が多い。

第四に、密教が七世紀中葉に『大日経』を成立させる以前に、すでにかなり濃厚な密教的色彩（いわゆる雑密）が般若経典群ほかの大乗経典の多くに浸透し、とくに陀羅尼の付随が顕著となる。

そのほか、たとえば如来蔵—仏性思想には活力ある宗教に必須の一種の断固たる否定的要素が欠けており、世俗との妥協が強まって、やがては即身成仏を謳う思想へと連結する可能性も窺われるなどがあり、このテーマはあらためて論じたい。

以上のように中期仏教を三二〇年をもって幕を引き、以降の約九百年間は後期仏教として扱う。後期仏教は、中期ならびに後期の大乗仏教が栄え、また往時より派の数は減じた[15]ものの依然強力な部派仏教の側では、次第に大乗仏教との境界が全面的に稀薄となり、やがては、隆盛を迎えた密教にすべて覆われ占められる。

なお、以上の初期・中期・後期の三分割において、さらに釈尊とそれに近接する時代とを最初期、また左道密教が栄える九〜十世紀以降を末期とし、ならびに三期の全般にわたり、それぞれ前半、中葉、後半など、必要に応じて細分する余地は大きい。

最後に付言を三つ記す。

第一は、右の三期を英語で表現する際は early, middle (medieval), latter とする。

第二は、右の三分割による時代区分は、たとえば西洋哲学史の古代―中世―近代と同様、一部に錯綜し重複し合う。〔なお今日の西洋哲学史研究ではこの切断不適切の点がとくに指摘され、一時的にたとえば近代が「中世の闇黒」「中世の克服」をスローガンに掲げても、実質的には決して中世を排除も揚棄もしておらず、かえって継承する箇所が多く立証される傾向も見られる〕。インドは周知のように年代決定が困難を極め、諸事象のデータは一部が継続し一部が断絶して、前後不明も少なくない。

第三は、右の時代区分のいわば宗教哲学的根拠の一つとして、ブッダ観をあげたい。カントの術語で表現すれば、ブッダは、尊崇と帰依を集めて教化が現実視されていた最初期のあと、初期にはやがてイデー（理念）的存在、中期にはイデアール（理想）的存在、したがってこの超越的存在が、後期には内在的存在に変貌して、それぞれが新展開をとげる。

または、中期仏教において、部派のアラカンと大乗のボサツとは、ともにブッダと或る距離を保持するという点において、ややパラドクシカルな共通性が指摘され得よう。これらは機会をあらためて論考を尽くしたい[16]。

註

(1) 大島康正『時代区分の成立根拠』初版一九四九年、筑摩書房。ここでは一九六六年の再版(理想社)によった。なお時代区分の考察は、私の誤解でなければ、ソシュール(Ferdinand de Saussure)の「共時態(synchronie)と通時態(diachronie)」(いわゆる構造主義哲学の理論的出発点)と重なり合う。

(2) 同書、六三～六四ページ。

(3) 拙論「〈原始仏教〉について」(『東洋学術研究』第25巻第1号、一九八六年五月)。本書の「第二章」に「〈原始仏教〉を〈初期仏教〉に」として転載。

(4) 拙論「初期仏教思想シリーズ①古ウパニシャッドと初期仏教(上)」(『東洋学術研究』第12巻第1号、一九七三年四月、著作集第二巻所収)。

(5) 拙著『ヴァスバンドゥ——人類の知的遺産14』講談社、一九八三年、五～一四ページ、著作集第五巻所収。

(6) ロミラ＝ターパル『インド史』1、2、辛島昇・小西正捷・山崎元一訳、パーシヴァル＝スピィア『インド史』3、大内穂・李素玲・笠原立晃訳、みすず書房。原著は一九六五～六六年。

(7) コーサンビ著、山崎利男訳『インド古代史』岩波書店。原著は一九六五年。

(8) R・S・シャルマ著、山崎利男・山崎元一訳『古代インドの歴史』山川出版社、一九八五年。原著は一九七七年。

(9) 中村元『インド古代史』上、下（『中村元選集』第5巻、第6巻）、春秋社、一九六三、六六年。この二巻本は『中村元選集〔決定版〕』では計三巻に増補、その第5巻、第6巻、第7巻を占める（一九九七、九八年）。それぞれの各編に加筆され、そのうえあらたに、Ⅰに「第一編　インド文明の出現」と、Ⅲに「第八編　インド史の諸問題」とが増加された。

(10) 金倉圓照『印度中世精神史』上、岩波書店、一九四九年、四ページ。

(11) 同『印度哲学史要』弘文堂、一九四八年、四～五ページ。同『インド哲学史』平楽寺書店、一九六二年、五～六ページ。

(12) 龍山章真『印度仏教史』法藏館、一九四三年。

(13) Der Indische Buddhismus von André Bareau (*Die Rligionen Indiens* III, Kohlhammer, Stuttgart 1964) は、Der Urbuddhismus, Der alte Buddhismus, Das Mahāyāna, Der Tantrismus の四章に分ける。

(14) たとえば平川彰『インド仏教史』下（春秋社、一九七九年）、六ページ参照。

(15) その実情は義浄（六三五〜七一三）の二十五年に及ぶインド・南海の旅行記に詳述されている。
(16) 本書の「第三章」に掲載。

第二章　〈原始仏教〉を〈初期仏教〉に

一　〈原始仏教〉という名称

人間がコトバを用いることの意義は、どれほど高く評価しても、しすぎることはない。現在にわかに流行現象を呈している「記号」をもこのコトバに含めるならば[1]、人間世界はすべてコトバで満ち溢れており、さらには人間世界はコトバ世界とさえいい得る。

コトバを用いるはたらきは、モノ・コトに名称を付すことに直結している。いうまでもなくモノ・コトは本来は無名であるけれども、無名のままにとどまるならば、人間世界に登場するモノ・コトとはなり得ないと極言してもよいであろう。いかなるモノも、いかなるコトも、名称を担って〔人間によって名称が付されて〕はじめて、人間世界におけるモノ・コトとなる。換言すれば、人間世界すなわちコトバ世界すなわち名称世界という、一つの等式が成立する。〔そのさい、どんなコトバ＝名称が付されるかはその人間世界による。なお、音楽・絵画・彫刻・工芸などの芸術、さらにひたすら黙々と身体ないしその一部を動かしまたは動きを止《とど》める人間の行動のなかには、上記の等式からは例外に属するモノ・コトがあり、それらはここには省く」。

〈原始仏教〉というのも一つの名称である。ただし釈尊も仏弟子も含んで当時の仏教者たちがこのような呼称を名のった形跡はまったくない。その後のインド仏教史にもこの名称は登場しない。そのなかで私たちの世界〔仏教研究―仏教学をとりまく世界〕では、とくに現在までのわが国では、この〈原始仏教〉の名称を用いて、或る特定のモノ・コトを特定して指示し、それにより仏教研究―仏教学の世界にとりいれて、研究―学の対象とする。そしてそれが広く一般にも受容されている。

このようないわば判り切ったプロローグを敢えて記したのは、この〈原始仏教〉という名称に対する私自身のすでに十余年来の疑問と異議とを、いたずらにいつまでも篋底に秘めておくことはやめて、ともかくもいったん公然と開陳し、そのような卑見に対する忌憚のない批判なり反論なりを、このさい多くのひとびとから受けたい、という私のひそかな願望にもとづく。

ただ一つあくまでも気がかりなのは、いつか果たしたいと希いながら、いまだなお果たし得ないままに過ぎているテーマ、すなわち、この〈原始仏教〉という名称を、いつ、だれが、なんという論文ないし書物において、最初にあたえ用いたのか、一言であらわせば、この語の初出を、現在もなお確認することができないでいる。〔おそらく明治二十年ごろを中心とする学術雑誌の類いを渉猟し踏査することによって、それは或る程度までつきとめられ得るであろうと憶測しているとはいえ、それらを隈なく詳しく検討する余裕のないまま今日にいたっている〕。もしもそれについての知見をもたれる方がおられたならば、ぜひともご教示いただきたいと心から希う。

やむを得ず、すでにかなり以前から、学界の長老や先輩にお会いするたびに、右の問いを呈してきた。多分、高楠順次郎博士であろう、というのがおおよその目標とされるらしい、そんな見当をつけているので、それがあるいは一つのヒントになるのかもしれない。

しかしそれでは、まだ右のテーマの正解にはなっていない。仮にまずその高楠博士によって〈原始仏教〉の命名がなされた〔そしておそらく木村泰賢と宇井伯壽との両博士およびその他の仏教学者により定着したのであろう〕とすると、おそらくそれは高楠博士の学ばれたイギリスもしくはドイツに、そのいわゆる原語があるのではないか、ということになり、それならば、仏教研究―仏教学そのものがわが国よりも少なくとも五十年以上も古いヨーロッパ各国の諸文献を検索しなければならず、そのために、近年の数回のドイツ旅行のたびごとに、各地の大学や州立の図書館などに一日ないし半日閉じこもって、ヨーロッパ各国語によるあまたの研究書のなかに、この〈原始仏教〉の原語〔の初出〕探しに明け暮れた。〔ドイツ以外の地には遺憾ながら及んでいない〕。

しかし上述（補註）したように、格別明白な資料も確証も入手できないで現在にいたり、この語の初出探求はなお徒労のまま、なんの成果も得ていない。その意味で、以下の叙述はいまだ定稿には到達せず、またその故に長年これを伏せておいた。

付言すれば、現在ドイツのインド学・仏教学に活躍中の友人たち、具体的には Heinz Bechert, Lambert Schmithausen, Dieter Schlingloff, Michael Hahn の諸君とは、Urbuddhismus また der primitive Buddhismus という名称は採用しないという一種の了解が、私とのあいだにほぼ固まっている。もちろんそのためには、この名称が何故に適切を欠いているかをめぐって、かなり突っこんだ長時間のディスカッションをこれまで行なってきた。ただし残念なことに、英語圏およびフランス語圏には、それほどに親しい友人も知人もなく、この了解はいまだに得られていない。

以上書き列ね並べ立ててきたように、〈原始仏教〉〈Urbuddhismus〉〈primitive Buddhism〉〈Bouddhisme primitif〉という四つを一括して、ただし煩わしいほど再説すれば、遺憾ながらその初出を摑むことができないまま、おそらくこうであろうとの推定にもとづきつつ、その名称に対する〔というよりは反撥する〕私の疑義を記して行く。

以下の二と三とには主として資料的な論述を行ない、四以降にそれらを踏まえて拙論を展開したい。

二　〈原〉と〈始〉と〈原始〉

〈仏教〉というのも明らかに一つの名称であり、この名称に関する卑見を、やはり未定稿ではあるけれども、最近の拙稿に記した。(2) ただしそれはインド・中国・日本の〈仏教〉の用例研究のみにとどまっていて、Buddhism, Buddhismus, Bouddhisme などの西欧語に届かず、そのままであり、これら西欧語に関する詮索はいずれ何かの機会に試みたい。

ちなみに、たとえばカントの『自然地理学』(これが世界最初のアカデミックの少なくとも大学における地理学講義であったといわれる)には、まだ Buddhismus の名称は見えない。同書では、「セイロン」に Budda (ブッダ)、「シャム」に Sommona Cadam (沙門ゴータマ)、「シナ」に Fo (仏)、「日本」に Buzdo 〔Butsu〕, Budda, Butso の語が見え、(3) それをめぐる Religion を記し説明を加えるとはいえ、正しい Buddha の語はなく、上述したように Buddhismus の語も存在しない (ただし同書は一八〇一〜一八〇三年にリンクの出版。その諸事情は拙訳「解説」に詳述した)。

ともあれ、以下には〈仏教〉の語は、上掲の拙稿の粗雑な記述でいちおう済ませて、そのまま踏襲する。そして私自身この語の使用に関して格別の異議を挿む意図もない。あくまで問題は、〈原始仏教〉のその〈原始〉にかかわり、それにこだわる。そこで本稿はまずもっぱら〈原始〉をとりあつかい、〈原始〉の語そのものをさまざまな角度から検討してのちに、〈原始仏教〉の名称を考える。

入手可能な諸種の漢字語原・字原辞典の類書によって、これまで私の探索し得たところをつぎに述べる。

〈原〉は、現在の日本語のハラではない。ハラはもともと異字であり、〈原〉の後世の派生語からの転用による。〈原〉について見ると、その厂は厳であり、その下に泉を書いたのが〈原〉の原語であって、厂の下に泉を三つ（上に一つ、下に二つ）書いた例もある。すなわち、厂と泉との合字から〈原〉がつくられ、それは、涯下の岩石のあいだのまるい穴から水が湧く泉、地上にはじめて水の出るみなもとであり、その俗字が〈源〉。こうして、〈原〉はそこから水の流れ出るみなもとであり、それが転じて「本（もと）」の意となり、原本・原点・原来（＝本来）また原因・原料・原由（＝由来）や淵原・根原など、多くの用例がある。それから仮借して、高くて平らなところ＝狩猟を行なうところが原野であり、これからハラが生ずる。

諸橋辞典[4]には、〈原〉について、〈①みなもと、②もと、③もとづく、もとづける、④たづねる、⑤ふたたびする、⑥のぞく（除）、⑦ゆるす、⑧はら、⑨耕作地、⑩つつしむ、すなほ、⑪虫の名（以下略）〉があげられている。

〈始〉は、もと姒で、そのつくりの以ははじめは㠯《い》＝耜《すき》とされ、また、始のつくりの台は、ムがすきの形、台は以と同じく人間がすきを手にし口で話す、いわば行為を起こす意を含むとされる。これは白川静『字統』に詳しい。こうして、〈始〉は、女性の行為のはじまり、つまりはじめて胎児をはらむこともいう。同じく諸橋辞典[5]には、〈始〉について、〈①はじめ、はじまり、②はじめる、はじまる、③はじめに、はじめて、④ついたち、⑤朝、⑥をさめる、をさまる（以下略）〉を掲げる。

以上の二字を合わせた〈原始〉については、諸橋辞典[6]は、〈①はじめをたづねる、根原を推し究はめる、②はじめ、おこり、元始、根原、③天然自然に成立したそのままなこと、元始〉をそれぞれの出典とともに記す。さらに〈原始権〉〈原始的〉〈原始簿〉〈原始時代〉〈原始宗教〉について付説し、そのうち[7]〈原始宗教〉を〈発生したままで未だ進化しない素樸な宗教〉と説明する。藤堂辞典には、〈①物事のはじめ、根源をたずねる、根本を問いきわめる、②物事のいちばんはじめ、未発達・未開発である状態のこと、「原始林」「原始時代」〉とある。[8]

ドイツ語の〈Urbuddhismus〉に移る。ここでも〈Buddismus〉は除いて、〈ur-〉についてのみ調べる。クルーゲの語原辞典[9]は〈ur-〉について、それがアクセントのある前綴の説明を詳述したあと、その意味は、前置詞の'aus'（「…から」）とし、さらに'ursprünglich, anfänglich'とする。後者について見ると、Ursprungは原と同じく〈水の流れ出る水原・起原・根本〉であり、その形容詞のursprünglichは、〈①起原の、最初の、本来の、②太古以来の、はじめのままの、純朴な、新鮮な〉をいう。またAnfangは〈最初、発端、始まり〉、anfänglichはその形容詞。〔なおこれら形容詞がそのまま副詞に用いられることは付言を要しまい〕。

最後に、英語の〈primitive〉を検討する。以下はＯＥＤ[10]にしたがうが、要点のみを記す。この語は、ラテン語のprīmitīv-us〔= first or earliest of its kind〕に由来し、そのうちの〈A. adj. I. General senses〉のみを掲げると、〈1. Of or belonging to the first age, period, or stage ; pertaining to early times ; earliest, original ; early, ancient〉とあり、その初出を一五二六年として用例に〈Primitive Church = the Christian Church in its earliest and〔by implication〕purest times〉を記すところに興味がある（原始教会―原始キリスト教については後述する）。つぎに〈2. Having the quality or style of that which is early or ancient. Also, simple, rude, or rough like that of early times ; old fashioned.

〔With implication of either commendation or the reverse〕〉とあって、ここに見える〈素朴、未発達、未開の〉を意味するさいに、称賛かその反対（＝軽蔑）かのいずれれを含意するとあるのが注目される。この初出は一七五二年、一八二二年とやや新しい。そして〈3. Original as opposed to derivative ; primary as opposed to secondary ; esp. said of that from which something else is derived ; radical〉といい、この〈何かが出てくるもと〉の意は、上述の〈原〉や〈Ursprung〉と（「水」という具体性はないものの）ほぼ同類と考えられる。なおこの初出は約一四〇〇年といい最も古い[11]。

以上のほぼ入門的な語義や語原などの探究によって、〈原始、ur-, primitive〉に共通しているところは、〈はじめ（最初）、もと〉を第一に、つづいて〈素朴、未開〉を内包しそれが片や称賛に通じ片やその反対の軽蔑に通ずる、と概括することができる。

また多くの推察を混じえざるを得ないけれども、おそらくいつごろからかヨーロッパのどこかにだれかによって、〈primitive Buddhism, Urbuddhismus, Bouddhisme primitif〉という語がつくられ、というよりは右のうちのどれか一つがつくられ直ちに他の二語がつくられて、この三つの名称が並び行なわれることがあり、それが〈原始仏教〉という日本語に翻訳され、しかも日本ではもっぱらこれが用いられて現在にいたっているのではないか、これがいまの私の及び得る推測のいわば結論といえる（あるいは別の西欧語かもしれぬ)。

しかしながら、上述したように、この英語・ドイツ語・フランス語の初出が不明であるのみならず、少なくともフランス語を除くと、その語(すなわち英語とドイツ語)の利用者や愛好者は現在の私には明確でない。

私の調査したごく一部を記すならば、いわゆる本格的な仏教学の創始者ともいうべきリズ・デヴィッヅ夫妻(Thomas William and Caloline Augusta Rhys Davids)ともにこの語は用いておらず、オルデンベルク(Hermann Oldenberg)にも私の探したかぎりではこの語は見られない。リズ・デヴィッヅ夫妻は一貫して(early Buddhism)であり、それに倣《なら》ったか否かについては審《つまび》らかではないが、ドイツ人の学者は私の調べたかぎり、すべてこの語を用いる。またオルデンベルクは〈Altbuddhismus, der alte Buddhismus〉とする。ただしこの二人(正しくは三人)の大巨匠《マエストロ》の学界活動は一八八〇年以降に顕著となるので、おそらくすでにそれ以前に、右の〈primitive Buddhism〉、〈Urbuddhismus〉の語があったのではないかと推定されるものの、その確認にはいたっていない。そしてもしもそのような推定が当を得ているとするならば、この大巨匠たちによってこの語が上述のような名称に変更されている点が、かえって注目に値することになるであろう。さらにたとえばマックス・ヴァレーザー(Max Walleser)も *Die philosophische Grundlage des älteren Bud-*

dhismus 1904. という。

なお、その後の英語・ドイツ語による仏教研究書で〈primitive Buddhism〉を用いるのは、ホーナー女史（I. B. Honer, *Women under primitive Buddhism*, London 1930）であり、ただしこの書のどこにもこの〈primitive Buddhism〉の語の定義はなされていない。

またドイツ語では、『人類の諸宗教』（*Die Religionen der Menschheit*, W. Kohlhammer）がシュレーダー（C. M. Schröder）編により全三十六巻の予定で一九六一年より刊行され、その第十三巻として『インドの諸宗教　Ⅲ　仏教、ジャイナ教、諸未開民族宗教』（*Die Religionen Indiens.* III, Buddhismus, Jinismus, Primitivvölker）が一九六四年に公刊されたなかで、仏教をフランスのバロー（André Bareau）が執筆しており、そこでは各章のタイトルに〈Der Urbuddhismus, Der alte Buddhismus, Das Mahāyāna, Der Tantrismus〉などとし、その文中にも（たとえば四七ページほか）それほど数は多くはないけれども、〈Urbuddhismus〉の語があらわれる。ただしこれは Robert & Christa Scheer という二人のドイツ語訳であり、バローの書いたフランス語原文になんとあったかをこの書物から知ることはできない。ただフランス語圏では、〈Bouddhisme primitif〉がなお一般的のようであり、たとえば名著の *L'Inde Classique* の第二巻に仏教を論ずるさい、一部の中国関係を除いて、全体をフィリオザ（Jean Filliozat）が執筆し、そのなかに（たとえば五一六〜五一七ページ）には〈bouddhisme primitif〉の語が用いられている（これについては先の註11の後半を参照）。

三　〈原始仏教〉〈根本仏教〉など

〈原始仏教、primitive Buddhism, Urbuddhismus〉という名称は、あらためていうまでもなく、この稿の冒頭にも記したように、或るモノ・コトに関して付されてあり、その名称の当否ないし適・不適を論ずるためには、当然のことながら、その名称を担わせられたモノ・コトそのものが明確に特定されなければならない。

そのモノ・コトは、一部に例外は見られるけれども、ほぼ世界的におおむね一致しており、その結論のみを示せば、つぎのとおり。なお右の外国語を混じえたものを一括して以下は〈原始仏教〉として扱う。

〈原始仏教〉とは、釈尊から仏教教団《サンガ》のいわゆる根本分裂までの仏教、ないしアショーカ王の時代までの仏教をさす。これは拙著『初期仏教の思想』（一三〇～一三四ページ、のちレグルス文庫版は「上」二一～二三ページ）に、平川彰博士の論文からの引用、平川博士説、中村元博士説を掲げて、わが国の諸学者のほぼ全体を網羅して列挙したところに明白であろう。外国とくにヨーロッパ〔上述のバローも含めて〕やインドの諸学者も、右の措定にほとんど合致する。〔実は本来は日本の諸学者が外国の諸学者に倣った例もある〕。

しかしながら、周知のように、仏滅年代したがって釈尊の生没年代に関して、外国のまた日本の諸学者のあいだに約百年の差が開いているために、また根本分裂とアショーカ王との前後関係やその間隔の期間の推定の多少によって、右の措定には或る程度の変動が不可避となる。もしもどうしても世界的な統一見解を強行しようとするならば、右の措定の前半、すなわち、〈原始仏教〉とは釈尊から根本分裂までの仏教、とするのがおそらく最も妥当であろう。

〈原始仏教〉のほかに、よく知られているように、〈根本仏教〉という名称があり、以下これについてしばらく述べる。

この〈根本仏教〉の語は私の知るかぎり、外国には存在せず、わが国の姉崎正治博士が提唱し、宇井伯壽博士によって継承された。ただし両者のあいだには確たる懸絶がある。

姉崎博士は明治四十三年（一九一〇年）に『根本仏教』と題する書物を博文館より公刊されたが、その書名について、すなわち〈根本仏教〉の名称に関しては、その書のなかに定義も説明もいっさいない。全十篇より成り、大綱は「仏教の位置」「仏教思想の淵源」

「仏教の発足点」に触れたあと、「転法輪、仏教の根本と仏陀の弘化」を述べ、「仏陀の人格」が最も詳しく、あと四諦の各々を四篇に分けて説き、「僧伽、宗教的団結」に及ぶ。

同書の本文は、「仏教は宗教なり」の一文で始められ、また末尾は、「根本を二千数百年前の印度に養ひ、枝葉をアジア全大陸に繁茂せしこの大宗教の花実は何れの時に開き且つ結ばるべきや。根本仏教の大要を述べ来りて「源遠ければ流れ長し」の言を想起せずんばあらず」と結んでいる。序言に「聊か自ら恃む所ありて茲に根本仏教を叙せんとするは、著者が仏教研究の上に於て従来なし来りしパーリ仏典と漢訳三蔵との比照に基き、而して宗教としての仏教につきて仏陀弘化の真面目に接せんとの信念に出づ。この著述の由来につきてはこの外に多言するの要あらざるべし」ともあり、以上から推察すれば、〈根本仏教〉は上述の〈原始仏教〉とほぼ一致するものと見られる。ただし文中には、「一乗道」「法華経方便品」、「般若、空観の悟道」とくに「金剛経」、「生天と浄土往生」とくに「浄土（教）」などにも関説する[12]。

なお私が古書店で入手した同書には、白紙（ただしずいぶん赤茶けている）のカヴァがあり、そこにはデーヴァナーガリィ書体の活字で“mūlabuddhadhama《ママ》”と大書されており、おそらくこの複合語の末尾は dharma を意図してその r が欠落したと推測される。それにしても、この意味不明の語または“mūlabuddhadharma”の語について、説明も典拠も同書中には示されず、はたしてこのような〔パーリ語ならばmが入り -dhamma〕サンスクリット語が存在するか否かも不審を拭い切れず（おそらくbuddhadharma の誤解か）、あるいは姉崎博士の造語ではないか〔そしてカヴァの文字はそれの誤記ではないか〕とも考えられる。

宇井博士は〈根本仏教〉の名称に明確な定義を、たとえば大著『印度哲学史』（一九三二年）中につぎのように述べる。

茲に根本仏教といふは仏教の創唱者仏陀と其直接の諸弟子との有した仏教を指していふのである（同書、八一ページ）。

今茲に単に仏陀の学説とのみ称せずして根本仏教と呼び仏陀と其弟子とを含ましめむとするのは一には仏陀の思想学説は凡て直弟子を介して伝はりたるが為に仏陀のみを引離して知ることが殆ど不可能であることと二には直弟子の抱く考には仏陀に対する思索が含まれて居つてこれは必ずしも仏陀に見出さるるものでなく而もそれが仏陀の思想学説と相待つて後世の仏教の発達の源泉となつて居ることとによるからである（同書、八六ページ）。

さらに同書では、この〈根本仏教〉にすぐつづいて、〈原始仏教〉が論ぜられ、その冒頭につぎのように記す。

根本仏教以後から阿育王の即位頃に至るまで即ち紀元前三五〇―二七〇年を原始仏教の時代となすが、此時代は即ち仏陀の孫弟子以後に当るのである（同書、一〇五ページ）。

宮本正尊博士にも、比較的初期ないし中期の論文や著書に、〈根本仏教〉の用例が見られる。その著作目録によると、「根本仏教と弁証法」（『哲学雑誌』昭和七年）「仏教学の組織と根本仏教」（『宗教学紀要』二、昭和八年）があり、後者につぎの一文がある。[13]

> 仏教の理論的統一の純粋性を表示するに最も適当なる語として「根本仏教」なる表現

（傍点原著）

そして宮本博士のいわゆる大著三部作の第一の『根本中と空』（第一書房、昭和十八年＝一九四三年）には、つぎのように記す（同書、一二～一三ページ、傍点原著）。

> 悲智人法両面の開会と云ふことは、実に仏教の中心的な問題である。……畢竟、それは自覚覚他、自成成他の智である。サトリ即ち「覚証」の智である。この自他・人法両面を包括して示すべき方法或は精神こそ、中道 majjhimā paṭipadā, madhyamā pratipad であり、かくして見られる説を仏教と名けるならば、かかる方法の最も純粋にして且つ本質的なるものを「根本中」と設定し、これに依つて考察せられる仏教を「根本仏教」と名けることが可能である。

これから明らかなように、宮本博士の説く〈根本仏教〉とは、判りやすくいえば「全仏教に一貫する最も純粋で本質的なるもの」を提示し、いわば一種のイデー的な扱いがなされている。

なお、右の書名に採用され、また上述の引用にもあった「根本中」について付言しておこう。それは「中」「中道」の語とともに宮本博士の全生涯を通じて愛好されたが、一部の誤解[14]を解くために、同書（四一～四二ページ）から一文を引用紹介する。

龍樹の中論は西蔵及び梵文の伝承に照合する時、これを『根本中頌』Mūla-madhyamakakārikā と名ける。根本 mūla とはその註疏 vṛtti に対して根本原典を意味し、著書の形式的性質を示す語であるが、品類頌 kārikā は哲学や文法学にあつて、其の基本的なる教理或は基準の条則を示す名である。このことに注意するならば、根本頌 mūlakārikā とは、「中に就いての根本原典」であると云ふ意味である。随つてその根本は根本頌と熟すべきであるが、根本中と連続せしめぬを以て至当とする。茲に於てか、予の提唱する「根本中」の根本は、根本頌のそれよりして抽出し来つたものでないことは、明らかである。

以上の姉崎・宇井・宮本の三博士のほかにも、〈根本仏教〉の名称はまれに見られるが、それらはこれらのいずれかに含まれて特記するに及ばないと考えられるので、すべて省略する。

〈原始仏教〉の名称とその対象とを以上のように規定したうえで、その研究に必要な諸資料をつぎに網羅的に提示しよう。

第一はパーリ語による五つのニカーヤからなるいわゆるスッタ・ピタカ（経蔵）であり、それにヴィナヤ・ピタカ（律蔵）が加わる。いうまでもなく、アビダンマ・ピタカ（論蔵）や以上全部のアッタカター（註釈書）の類いも重要資料として動員される。

第二は漢訳の四阿含であり、この四阿含に別訳や単経なども加えて、『大正新脩大蔵経』の「阿含部」二巻に収められているものすべて。しかもそのほかに、たとえば同「本縁部」二巻中の「義足経」や「法句経」やその関連テクストなど、同「経集部」四巻中の「陰持入経」や「本事経」など。そして五種の「律」を含む同「律部」三巻（そのうちたとえば最後の広律漢訳ながら義浄訳の「根本説一切有部毘奈耶」もきわめて重要）その他がある。

第三にサンスクリット文献およびプラークリット資料があり、右の第一と第二とのようにその全体は包括し得ないけれども、それぞれの単経については、近年すこぶる貴重な諸テクストが（その数は多いとも少ないともいいがたい）学界に知られており、純学術的な公刊もあいつぎ、すぐれた研究が行なわれている。

なおレヴィ（Sylvain Lévi）やリューダース（Heinrich Lüders）やベッヒェルト（Heinz Bechert）については中村元博士と私との対談[15]のなかで論じたごとく、また平川彰博士がワーダー（A. K. Warder）説を引用しつつ強調される[16]ように、釈尊とその入滅直後の第一結集とさらに相当期間の口伝とに使用されていたマガダ語に関しては、格別の注意が必要とされる。ただし残念なことに全文がマガダ語からなるテクストも資料も現存していない。第四にさらに部分的ではあるが、チベット訳や中央アジアの諸言語に移された資料があり、望み得るかぎりそれらの参照が要請されつつある。

第五に間接的ながら、近年とくにジャイナ教の古い諸テクストとの比較研究が強調され、またウパニシャッドおよびその流れを汲む諸思想や文学作品ならびに民間伝承など、そしてアショーカ王碑文をはじめとする石刻文や諸図像その他が動員されよう。

四　〈原始仏教〉の名称に対する批判（一）

先の二の考察から、〈原始、ur-, primitive〉が明らかとなり、〈原始仏教、Urbuddhismus, primitive Buddhism〉（以下これらを〈原始仏教〉に統括する）も推定を混じえつつもその大要が知られる。

すなわち〈原始仏教〉の語はつぎの二つを指示する。

a　〈はじめ（最初）、もと〉の仏教

b　〈素朴、未開〉の仏教（ときに称賛ときに軽蔑）

そこでここには、この二つを右の**三**に示した対象〔モノ・コト〕およびその諸資料に対応させる論述を試みる。〔これ以降がいわば本稿の主文をなす〕。

まず**b**についてこの**四**に論じ、そのあと**五**に**a**について考察する。

そのうち、軽蔑をこめて〈原始仏教〉をあからさまに名ざす研究も研究者も、現在は皆無であり、それに触れる必要すらない、といってよい。〈原始仏教〉を〈素朴であり未開（未発達）の仏教〉とするさい、（　）内に加えたように、称賛か軽蔑かのいずれかをかならず含意する。

しかしながら、たとえば現在私たちのあいだに流通している日本語（英語やドイツ語も同じ）の用例では、〈原始〉の語にこの種（軽蔑）の色彩がかなり濃く、日本人（英語圏やドイツ語圏のひとびと）一般の常識からすれば、このような例は枚挙に遑がない。その一例として、最もポピュラーな『広辞苑　第三版』（岩波書店、一九八三年）では、〈原始　①始めをたずねること。②はじめ。おこり。元始。③自然のままで、進化または変化しないこと。原生〉とあり、その派生語を見ると、〈原始的　①文明がまだ開けていないさま。

また、幼稚なさま。②もとの姿、初めの段階であるさま。本源的〉、〈原始時代　文化の未だ開けない野蛮な時代〉、〈原始社会　階級と文明との成立する以前の、人類の歴史の第一の段階ともいうべき社会。また、現在の最も未開な種族の営む社会。組織が単純で、個人の意識は集団の意識に包摂されて独立せず、宗教および呪術が強大な役割をもつ。未開社会〉などが目だつ（この例は右の外国語においても同じ。のち『第四版』はやや改訂が加わり、たとえば〈原始社会〉は〈未開社会〉と区別される）。

かつてのいわゆる天台の「五時教判」において、その第二の鹿苑時の十二年間に、「釈尊はとくに意識的に卑俗化して、素質なく智慧もないひとびとに具体的に判りやすく阿含経を説いた」（趣意）とされた伝統は、中国や日本に長く尾を引いて現在にいたり、上述したように、このような迷妄は専門家のなかでは完全に払拭されたとはいえ、なお一般に、もしくはかえって一知半解の徒に残存していることがあって、ときに一驚する。

このような状況のもとに、右の〈原始〉（その派生語を含む）の語の日常的な卑俗化された用例をも考慮するとき、仏教そのものに対する純粋で真摯な研究者が、なぜ敢えて〈原始仏教〉の語を用いるのか、またなぜこのような呼称にあくまで固執するのか、その理由を私は納得しがたい。〔おそらくそのためもあってか、上述の『広辞苑』では、〈原始〉の派生語にとくに〈原始仏教　釈尊在世時代から各部派に分裂するまでの仏教〉という、やや他の派生語にはなじまない一項を添える」。

つぎに、称賛をこめて〈原始〉の語を用い〈原始仏教〉と呼ぶならば、それはたしかに或る面で大いに歓迎されよう。そして少なくとも現在の仏教研究者（おそらく仏教徒の大半）の用法は、まさしくそのとおりなのであろう。

しかしながら、ここに控えるアポリアは、その〈素朴〉を謳うとすれば、上述の諸資料のうちからひたすら〈素朴〉なもののみを抽出してきて、それを〈原始仏教〉と名づけるのでなければならぬこととなろう。そしてさらに、それならば、釈尊のさとりの内容も説法のすべても、いわんや〈原始仏教〉そのものが、それほど実際に素朴であったのか、ということにまで、結局は発展せざるを得ないであろう。

たとえば〈苦〉（dukkha, duḥkha）という語ないしテーマ一つを取ってみても、それをたんなる肉体的・生理的苦痛（いわゆる英語の pain）の語に置きかえるならば、たしかに〈素朴〉ではあろうけれども、それを〈不如意（思うとおりにならない）〉と解し suffering（英語。ドイツ語は Leiden）と翻ずるさいには、それはあまりにも多くの含意を有しつつ、さらに種々なる解釈の展開が考察され得て、決して〈素朴〉どころではない（このような例は多数あるが、ここには省く）。

そもそも〈素朴なる原始仏教〉が以後の仏教〔思想〕史へとその歩を刻んで行くさいに、

しかも後代の多くの偉大な仏教者がほぼ一致して釈尊そのものないし〈原始仏教〉への直結もしくは還帰を謳い、それはインド仏教史のみならず、全仏教史を貫いて動かない。そのなかには、明らかに〈素朴なままの仏教〉の実践が見られる一方、きわめて高度かつ深淵な思想をはらみ育て樹立する仏教〔者〕もある。たとい本来は純粋に称賛の意図をもって〈原始仏教〉の命名をなし、そのような扱いをどこまでも貫こうとする場合、これら仏教史全体から逆にそのような〈素朴なる原始仏教〉を回顧するときに、その称賛の的そのものが行方不明となり、さらに逆効果を生ずることがないであろうか。

結論として、称賛と軽蔑という相克する二重の〈素朴〉という意を介しての〈原始〉の語を用いつつ〈原始仏教〉とするのは、右の叙述に明白なように、まことにアンビヴァレントな情況ないしはディレンマに陥る〔もしくは陥りかねない〕危険が指摘され得よう。

五　〈原始仏教〉の名称に対する批判（二）

ここには、〈原始仏教〉＝〈はじめ（最初）、もと〉の仏教（以下に〈最初の仏教〉と統括して論ずる）を考究する。

〈最初の仏教〉とは、すでに述べた宇井博士の〈根本仏教〉に近く、それを弁別しつつさらに同博士の〈原始仏教〉をも加えて、その内容を最も鮮明にした大冊が、中村元博士の『原始仏教』五巻（『中村元選集』第11巻〜第15巻、新しい〔決定版〕は計八巻、第11巻〜第18巻）として公刊され、私たちは最大の恩恵を受けている〔世界のどこにもこれほど完成された研究書は存在しない。なお、中村博士は後述するように〈最初期の仏教〉を〈原始仏教〉から格別化される〕。

中村博士のこの研究はまことに慎重を極め、まず諸資料のとりあつかいをめぐる方法論から出発して、フランケ（Rudolf Otto Franke）以来とくにリューダースと宇井博士とによって地歩が固められた諸点をあらためて確認したうえで、オリジナルの数々の自説が詳細に加えられる。それは、先にあげた諸資料から〈最初の仏教〉を探り当てまたは掘りおこすために、あらゆる知識が動員される。その前提もプロセスも結論もすべて右の大冊中にきわめて明確に示されてあり、専門家はすでに知悉していると思われるので、ここにはすべて略す。

それでもなお、それに対しての批判や反論が絶無とはいえず、（たとえば卑見は拙著『初期仏教の思想』中に記した、のちのレグルス文庫版では省いた）、たといそのような批判や反論を論文なり著書なりに公表しないまでも、私自身ときにそれを耳にし、あるいはその片鱗が目にとまる。

一言に要約するならば、先に掲げた厖大な資料が現在に伝わるなかで、それらから〈最初の仏教〉である〈原始仏教〉を純粋に学問的に確認することは、現状のところ、非常に困難であるのみならず、むしろ不可能といってもよく、おそらく宇井博士の明言されるように、「推論の上に出す外には、方法のないものであると言へると思はれる」[17]のではないか。そのような研究は、一方でどこまでも追究しようとする学的関心を惹きつけて離さないけれども、同時に他方で、それが純粋なる学として成立し得るか否かの疑念をつねに蔵している。

中村博士は上記の『選集』をさらに拡充されて、一九八八年（昭和六十三年）以降新しく『決定版』を公刊されている（全32巻と別巻11巻）。それによれば「原始仏教」は『選集』の計五冊から『決定版』は計八冊に増大され、しかも各冊ともにページ数が二倍以上に達する。そして『原始仏教の成立　原始仏教Ⅳ　決定版』第14巻（一九九二年）には新しく「第二編　最初期の仏教」という計二章十七ページ（六三～七九ページ）が書き加えられた。そのなかからとくに注目される文を以下に引用紹介する。

仏教の聖典のうちには、疑いもなく歴史的人物としてのゴータマ・ブッダ（釈尊）の直説であると断定することのできることばはなにも存在しない。ただしあることばや成句がかれ自身に由来するものもあるに違いないのである。(中略)われわれは(I)最初期の仏教(Early Buddhism)と(II)原始仏教(Original Buddhism)とを区別しようと思う。前者は、パーリ聖典のうちの古い部分からのみ知られるものであり、後者はパーリ聖典の大部分――それらは多くはサンスクリットのアーガマや漢訳の『阿含経典』と共通である――から知られるものである(六五〜六六ページ)。

六 〈原始仏教〉の名称に対する批判(三)

〈最初の仏教〉を〈原始仏教〉と命名することに反発する私の最大の批判・批難は、この〈原始仏教〉の名称が冒頭の一の後半に記したようにまずヨーロッパにあり、それが潜在して流れているのではないか、しかもそのヨーロッパにおける〈原始仏教〉の命名は、かれらに馴じみ深い〈原始キリスト教〉という名称からの安易なアナロジィ(類比)に由来するのではないか、という点において極まる。

〈原始キリスト教〉〈Urchristentum〉〈primitive Christianity〉(上述の ptimitive Church をも含む)という語の初出も、この語の措定の由来も、いまだ完全・存分に確証し得ないまま、右のような不審・不満を称えることに、みずから多大の弱点のあることは、充分に反省し自覚しているとはいえ、それでもなお私の知るかぎり、すでに〈原始キリスト教〉（および右の英語・ドイツ語）の語そのものは、ほぼ明瞭な学的用語であり、確たる市民権を保持していて、それについては〔学術的なものはもとより〕すべての書物に、そして各種の辞典に明記されている。

ここにキリスト教史（その最初期）を述べる要はないであろうが、ごく概略だけを辿るならば、おおよそつぎのとおり。

ナザレのイエスの十字架上の死後、その復活を信じ、そのイエスをキリスト（救世主）と奉ずる使徒たちにより、イエスの宣教《ケリユグマ》を反芻しつつ或る固定を得た時点において、キリスト教が成立した〔したがって極言すればイエス自身はキリスト教を知らなかった、ないしイエスはキリスト教徒ではなかった〕(18)。やがてこのいわゆるエルサレム教会を中心とするキリスト教活動が開始されて、福音書の一部がつくられ、また伝道もなされる。一方、イエスよりやや年長のパウロの回心（ユダヤ教からキリスト教へ）があって、かれの目ざましい活躍によりいわゆる異邦人教会のキリスト教活動があり、ここにはパウロの書簡が各地に送られている。その後いわゆる使徒後時代になお右の二つの教会とローマ帝国との交渉がなされる。

以上のような〈原始キリスト教〉について、たとえばつぎの記述が最も判りやすい、「原始キリスト教とは、イエスの死後、ユダヤの首都エルサレムにおける最初の教会の成立から、一世紀の終り頃までの初期七〇年間のキリスト教を指すのが普通である。この間に、イエスの弟子たちによって伝えられた福音が、ユダヤの地域を越えて、ギリシア・ローマの世界に広まりゆき、各地に教会が建てられ、多くの信徒ができて、キリスト教が大きな勢力となったのである[19]」。

この〈原始キリスト教〉の時代に現在の「新約聖書」の大半ないし全部が文書の形で成立する。おそらく最古のものが「パウロの書簡」紀元五〇年代、ついで「マルコによる福音書」六〇〜七〇年代、あと「マタイによる福音書」「ルカによる福音書」七〇〜八〇年代とされ、これまでを見ても、イエスの死（およそ紀元三〇年代）後およそ二〇〜五〇年の間に、〈原始キリスト教〉はその原型をととのえ、パピルスその他に書かれた資料を成立させている[20]。

それに比較するならば、上述の〈原始仏教〉の資料は、口伝の時代がおよそ数百年にも及び、しかも資料自身が増広なり削除なりを含む改変を認めていることが明らかにされており、さらに現在に伝わる資料の固定は、その〈原始仏教〉の時代ではなくて、つぎの時代に部派仏教の内部（それらは複数―多数）においてようやく達成される[21]。

このようなとくに資料的見地にもとづくとき、おそらく〈原始キリスト教〉とのアナロジィから安易に〈原始仏教〉と命名してしまった西欧の先人〔たち〕は、その短絡的な態度による処置が厳しく追及されなければならないであろう。推察するところ、当時かの地には仏教に関する知識はきわめて乏しく、研究も研究資料もほとんど知られず、いわんや仏教史そのものがいまだ形成されず、きわめて漠たる輪郭がかなり無責任に推測された段階において、右の「西欧の先人〔たち〕」は、かれ〔ら〕の通暁するキリスト教史に当てはめて、その〈原始キリスト教〉の或る程度確固たる措定をそのままに、〈原始仏教〉の語をつくりあげたのではないか。

〈原始キリスト教〉の約七十年間に比して、〈原始仏教〉の時代は倍以上に長く、資料の点では口伝の年代が前者のほぼ十倍ないしそれ以上にも及んで、当然のことながら、その間の世代交替をはじめ口伝の不確定要素はおよそ想像以上に著しい。〔ただしインドにおいては、ヴェーダ聖典類が示すように口伝は正確で確実という伝統と史実もあり、文字化がかえって不定を招いたとも評される〕。こうしたあとに残されて現在に伝わる〈原始仏教〉の資料のうち、はたして幾許のものを〈原始仏教〉そのものに還元可能であろうかが問われているなかで、どうしてそのような〈原始仏教〉の名称に固執しなければならないのであろうか、と私は訝る。

七 〈初期仏教〉に改める

以上ときにはいささか激しい口調をもって〈原始仏教〉の名称への疑義を提示した。もとよりすでに〈原始仏教〉の語は〔英語圏・ドイツ語圏ではすでに消滅しかけていても〕わが国には定着しており（上述したように『広辞苑』にも登場する）、いまさら変更するとなれば、いたずらに混乱を招くおそれがあるという指摘もある。しかしそのような〈原始仏教〉の名称の愛好者も、もしも英語で標題を付しまたは論文や著書を執筆するさいは、ごく少数の例外を除いて、それを〈early Buddhism〉とする。それならば、その〈early Buddhism〉を、または〈der frühe (od. frühere) Buddhismus〉ないし〈der ältere (od. alte) Buddhismus〉を、そのまま日本語にして〈初期仏教〉としては、どうであろうか[22]。

その場合に、この〈初期仏教〉という名称に対して、〈初期〉という以上は、〈中期〉と〈後期〉とが付随しなければならず、それについて、私はすでに拙著『ヴァスバンドゥ』（講談社、一九八三年）の「はじめに」（とくにその「一　インド仏教史の概括」）に述べたけれども、それの詳細はなるべく近い別の機会に闡明したい[23]。

註

（1）記号学からすれば、〈「記号」をコトバに含める〉のではなく、記号（これが種々に分けられる）にコトバが含まれる。また記号学の歴史は古く、ギリシアのヒポクラテスを端緒として、中世に多くの記号論があり、近代はジョン・ロック（John Locke, 1632-1704）が関心をもち、そして現代はじめにアメリカのパース（C. S. Peirce, 1839-1914）とスイスのソシュール（F. de Soussure, 1857-1913）とにより記号学が創設されたという。記号学に関する文献は欧文・和文に数多くあるが、最新刊の川本茂雄『ことばとイメージ――記号学への旅立ち――』（岩波新書、一九八六年）が最も簡便であろう。

（2）拙稿「仏教・仏教学・仏教評論」（『理想』六三三号、一九八六年二・三月合併号、六七〜六九ページ）。

（3）原著を参照する煩雑を省くために、拙訳『カント全集　第十五巻　自然地理学』（理想社、一九六六年）の三五一、三五三、三六八、三七七〜三七八ページ参照。なお、拙訳では、リンク版によるゲダン刊の哲学文庫版『カント全集』のほか、アカデミー版（「補遺」を含む）およびグラーゼナップ『カントと東方諸宗教』を網羅して底本に採用した。その「解説」参照。

（4）諸橋轍次『大漢和辞典』第二巻、六五三ページ。

（5）同、第三巻、六六一ページ。

（6）同、第二巻、六五五ページ。

（7）藤堂明保『学研　漢和大辞典』一九〇ページ。

（8） 右の二種のほか、文中に記した白川静『字統』、加藤常賢『漢字の起原』、藤堂『漢字語源辞典』を、また日本語の「げんし」について小学館『日本国語大辞典』を参照した。（『広辞苑』については本文中に後述）。

（9） Kluge, *Etymologisches Wörterbuch*, Walter de Gruyter & Co., 18. Aufl., Berlin 1960, S. 809.

（10） *Oxford English Dictionary* 1970 による。

（11） 英語と親近関係にあるドイツ語の〈primitiv〉は、ドイツ人学生たちに最もポピュラーなWahrig の辞典に、ursprünglich のほか〈einfach（単純な）、dürftig（貧弱な）、unvollkommen（未完成の）、geistig wenig entwickelt（精神的発展の乏しい）〉の説明がある。

なおこれまでのまたこのあとの検討にフランス語の〈primitif, -ive〉を省いたのは、私自身のフランス語への習熟が充分でなく、そのいわば語感（Wortgefühl）を欠くことによる。最新刊の白水社『仏和大辞典』を参照すると、この語の意味は英語やドイツ語のそれらとそれほどの違いはなく、とくにそれが「話し言葉」としては〈単純な、素朴な、粗野な、簡単な、簡素な〉の用例が見られるものの、全体の範例からすれば、このフランス語には英語やドイツ語に顕著な一種の軽蔑を含む用例は少ないようにも見うけられる。

（12） このいわゆる大乗仏教への関説を受けて、たとえば水野弘元博士は、姉崎博士説をいわゆる「大乗非仏説」に対する村上専精・前田慧雲両博士説以後の新しい「（大乗）仏説」論と見なしておられる。水野『経典　その成立と展開』佼成出版社、一九八〇年、四八〜四九ページ。

(13) この論文を再録した新刊の『宮本正尊博士仏教学論集　仏教学の根本問題』春秋社、一九八五年、三九ページ。

(14) たとえば桜部建「初期仏教研究の回顧」(『仏教学セミナー』第四十二号、一九八五年十月、一〇〇~一〇一ページ)にはつぎの文が見える。〈宮本正尊博士は「根本仏教」という言葉を……釈迦牟尼から始まってやがて大乗仏教、そして中国日本にまで及ぶ全仏教の拡がりの中に、一貫して流れている、基本的な、仏教の「ものの考え方」――そういうものをこそ、根本仏教と呼ぶべきではないかという考えであります。そういう考えを宮本先生にサジェストしたのは、『根本中論偈』という龍樹の述作の表題であったらしいのです。『根本中と空』という著作もあります〉(以下略)。

(15)『仏教の思想―三枝充悳対談集』春秋社、一九八六年、一六五~一六七ページ参照。

(16) 平川彰「縁起思想の源流」(『平川彰博士古希記念論集　仏教思想の諸問題』春秋社、一九八五年、三~七ページ)。このテーマはのちにさらに拡大されて論述される、平川彰『法と縁起』(『平川彰著作集』第1巻、春秋社、一九八八年)の「第五章　縁起思想の源流」。

(17) この語は〈根本仏教〉に関して述べられている(宇井伯壽『仏教思想研究』岩波書店、一九四三年、五〇ページ)が、〈原始仏教〉にまで拡大され得よう。

(18) このあたりの事情については拙稿「仏教学とキリスト教学」(拙著『仏教と西洋思想』春秋社、一九八三年、著作集第八巻所収)に論述した。

(19)『キリスト教大事典』教文館、一九六三年、三九一ページ。このあとにこれに対する諸疑義を含んだ諸解釈が示されるが、それらに関しては、キリスト教に関して最も権威ある書といわれる *RGG* (*Die Religionen in Geschichte und Gegenwart*) 3. Aufl. のなかの "Urchristentum" の項を参照。付言すると、全六巻という浩瀚なこの大辞典に "Urbuddhismus" の項はなく、"Buddhismus" についてはその「宗教史」(Religionsgeschichte) をヘルテル (Herbert Härtel) が約十ページにわたり論ずる。しかもその文中には "Urbuddhimus" の語はまったく見えない。なお日本国内にも〈原始キリスト教〉については多少の異説や異論が知られる。

(20) ただしイエスの語ったアラム語(ヘブライ語の俗語)は、四つの「福音書」を含む「新約聖書」において、すべてギリシア語に置きかえられた。この両者は、前者はセム語族、後者は印欧語族に属して、その懸隔は甚だしい。なおアラム語とその語族に関して異論がある。

(21) 本文中に触れたマガダ語は、パーリ語とともにサンスクリット語の俗語であり、また漢訳経典の原典は少数の例外を除きサンスクリット語またはその俗語と推定されて、その見地からいえば、言語学的な変動は(少なくとも〈原始キリスト教〉に比較すれば)それほど大きくはない。

(22) 〈初期仏教〉を冠した書物に、早島鏡正『初期仏教と社会生活』(岩波書店、一九七四年)がある。しかし同書中に〈初期仏教〉の定義は見えず、その語も「索引」によれば二回登場するだけで特殊の意義づけはない。それどころか、編・章・節のタイトルをはじめ、文中の用語もすべて〈原始仏教〉で終始している。それに対して、塚本啓祥『初期仏教教団史の研究』(山喜房佛書林、一九六六年、改訂増補一九八〇年)は、頻度は少ないもののつねに〈初期仏教〉の語を用い、〈原始仏教〉の語は見えないようである。ただし〈初期仏教〉の語に関する但し書はなく、またこの書の英訳は *A History of the Early Buddhist Order* であって、〈early Buddhism〉からの〈初期仏教〉とは定めがたい。拙著『初期仏教の思想』(東洋哲学研究所、一九七八年、著作集第二巻所収)では、「はしがき」の冒頭に〈初期仏教〉の語を用いた理由を記したが、消極的なものが多く、また充分とは到底いえない。ただし同書(その冒頭論文は一九七三年)ではことごとく〈初期仏教〉の語をもって論述した。そして同書執筆のさなかに、〈原始仏教〉の名称への疑義が強化されて、本稿冒頭に記したように十余年間そのための資料を折に触れて蒐集し、内外の友人や知人などと論じ合って、ようやく本稿となった。

また、邦語による諸論文の標題に〈初期仏教〉という語が最近少しずつ見え始めているとはいえ、なお少数に属する。それらのうち、右の註14に引用した桜部建「初期仏教研究の回顧」ではつぎのように〈初期仏教〉の語の内容がさらに拡大する、「初期仏教ということは勿論、阿含の仏教、それから阿毘達磨の仏教を含むのですけれど、それに初期の大乗仏教をも含めて、その全体を注意しなければいけない」(同、九七ページ)。これに対する私見は、本稿末尾に示した機会に述べたい。

(23) 拙稿「インド仏教史の時代区分」(『印度学仏教学研究』第三十五号第一巻、昭和六十一年十二月)。(本書の「第一章」に「インド仏教史の三分割」として転載)。

補註

西欧語による仏教(研究)文献(計一五〇七三篇、ほぼ一九三六年まで)網羅する。

Shinsho Hanayama, *Bibliography on Buddhism*, The Hokuseido Press, Tokyo 1961. は計八六九ページの大冊。この刊行にかつて私も参与し学恩を受けた。花山信勝博士はロンドン、パリ、ベルリン、ハイデルベルクの諸図書館を巡歴され、私は戦後ドイツ(当時西ドイツ)の上記以外の諸都市を探訪した。

第三章　インド仏教史の時代区分とブッダ観の展開

一　インド仏教史の時代区分をめぐって

1

インド仏教は、釈尊による創始以来さまざまな展開を遂げつつ、インドの文化全体に、さらに歴史上世界中で人口の最も稠密《ちゅうみつ》でありつづけた東アジアの諸民族のほぼすべてに、多彩かつ絶大な影響感化をあたえて、現在にいたる。

それらは、宗教として、また思想・哲学として、さらに文学・彫刻・絵画・音楽・演劇・建築・工芸などを含む芸術一般として、あるいは諸民族独自の基層文化やエートスと混じり合ってはそれぞれの種々の習俗に転化されて、もしくは各民族の人生観や世界観や歴史観または生死観や倫理観などにわたり、著しく広範囲に及び深層を貫く。

本稿では、私の専門とする宗教を含む思想・哲学の面から考察を進めて行くが、インド仏教に掲げられるテーマは、その数も多く広くその内容も深い。仏教の術語を用いれば、いわゆる三法印（無常・苦・無我、ときにはニルヴァーナ）、四諦八正道、中道、縁起、法《ダルマ》の分析と総合、ハラミツ、空、如来蔵（仏性）、唯識、密教など、さらに言語論や認識論があり、論理学その他があげられよう。あるいは多く実践にかかわるものには、禅定―ヨーガ、ニルヴァーナ―解脱による「大いなる平安」、平等思想、煩悩（欲望や執著）の抑制、主体の確立（いわゆる自燈明、法燈明）、精密な業《カルマ》思想、慈悲―利他、方便、神通、密呪などでも、決して逸することができない。

そして、それらを一貫してブッダ観の展開がある。本稿においてブッダ観に関し、その「展開」を主題として「変遷」といわないのは、インド仏教史におけるブッダ観の内実そのものが、たんなる変化推移ではなく、その歴史的・社会的な諸情況との対応や、上述の諸テーマと緊密に連携する諸思想の展開に、深くかかわっていることを示す。

周知のとおり、インド仏教は十三世紀初頭以降に衰滅を余儀なくされた。しかしながら、インド仏教史において生まれ、育《はぐく》まれ、熟し、展開したそれぞれの諸思想は、今日もなお、そして将来の全人類に対して、多大で深甚な寄与を期待し得る。

2

右のような見地からすれば、インド仏教は、たんにインド学者および仏教学者のみの専有物として、狭隘《きょうあい》なセクショナリズムに跼蹐《きょくせき》することなく、たとえば西洋哲学、キリスト教、中国思想、イスラーム思想などとともに、また新しくはいわゆる科学思想と並んで、一個の普遍思想として、全世界の思想家や哲学者たちをはじめ、全人類に幅広く迎えられ、あまねく共有されるのが、当然であり、必然でもあると考えられる。

そのための最も緊急な課題〔の一つ〕として、ちょうど世界史ならびに各地域の歴史に、さらには、たとえば西洋哲学史に見られるような、概括的な時代区分が最初に着手される必要があろう。そしてそれには、仏教史に通じた専門家のみが用いてきた原始仏教、部派仏教（かつては小乗仏教）、大乗仏教といった、或る特定の内容を含み固有の名称より成る区分からは遠く離れ、いわゆるジャーゴン（jargon 仲間うちの特殊用語）はいっさい捨てて、右の諸史観に示されるような、まったく別のインド仏教史の三分法（Dreiteilung）が最適と考えられ、それに関する卑見を、この数年にわたり私は提案してきた。

右の三分割を、かつて私は拙著『ヴァスバンドゥ』の冒頭に記したが(1)、ややそれに対するみずからの不満を禁じ得ず、さらに熟慮を重ねたうえで、それを改めた私案を一九八六年六月の日本印度学仏教学会の学術大会（東京大学）に発表し、その研究発表の「インド仏教史の時代区分」と題する小論を、同学会の『印度学仏教学研究』第三十五巻第一号（一九八六年十二月）に掲載した（本書に「第一章　インド仏教史の三分割」として転載）。

その小論には、時代区分そのもののありかた、そしてインド史およびインド思想史さらにインド仏教史の従来の時代区分に関して、それらの大要を紹介したあと、私見にもとづき、西洋哲学史の古代・中世・近代（近世）とする三分割と符合するように、インド仏教史を初期・中期・後期と三つに分割し、それぞれの内実を記述した。そのさい、上記の『ヴァスバンドゥ』の拙文に記したような、中期仏教を七世紀の密教確立までとし後期仏教をそれ以降とした私案を改めて、その区切りを西紀三二〇年のグプタ王朝成立と早めた理由を、四つに分けて説明した。

さらに小論には、付言を三つ記し、それぞれの英語の表現、また時代区分の一部の錯綜し重複し合う点、そして第三として、「右の時代区分のいわば宗教哲学的根拠の一つとしてのブッダ観の変貌・展開」を、その末尾にあげた。この本稿は標題の示すように、この第三の点を論述するが、本文の内容は依然ほぼ仏教学の専門家に向けられており、したがって、仏教学に用いられる諸術語は、一々の説明を略して、そのまま使用することにする。

上記の二種の「インド仏教史の時代区分」に関する私見を公刊する間に、私は『東洋学術研究』第25巻第1号（一九八六年五月）に「〈原始仏教〉について」と題するかなり詳細な論文を記し、現在わが国で（ほとんどわが国のみで）親しまれている〈原始仏教〉という名称に関して、とくに〈原始〉の、さらに〈原〉および〈始〉の語原から用例などを、漢語、日本語、また英語（フランス語もほぼこれに準ずる）、ドイツ語について探り、あわせて〈原始仏教〉の名称の起原の一端を探究した（本書に「第二章　〈原始仏教〉を〈初期仏教〉に」として転載）。(2)

3

右の拙論「〈原始仏教〉について」に対して、畏友の藤田宏達博士は、拙論（計二十ページ）の二倍に近い「原始仏教・初期仏教・根本仏教」と題する論文（計三十七ページ）を、北海道を中心とする『印度哲学仏教学』第二号（一九八七年十月）に寄せられた。この論文には右の三つの名称に関するこれ以上ないほど綿密な研究が論述され、あわせて右の拙論に対する批判（藤田博士は「疑問点」といわれる）を、四点掲げておられる。それらに関する各反論ないし私見のうち最も肝要な事項を以下に記す(3)。

右の『印度学仏教学研究』における拙稿には、時代区分のみを論じて、それぞれに含まれる年数の記載は紙数の関係から省略したので、その後（一九八七年三月）に公刊した中村元・三枝共著の『バウッダ・佛教』（小学館）には、拙文の冒頭（同書二一九ページ。のち小学館ライブラリー、四三ページ）に、また拙著『仏教入門』（岩波新書、一九九〇年、一一～一三ページ）に、その年数を記した。それをここに引用すればつぎのとおり。

初期仏教は、釈尊より根本分裂（第二結集）ないしアショーカ王時代まで、すなわち西紀前五世紀ごろから前三世紀半ばごろまでの約百五十年ないし約二百年間をいう。

中期仏教は、教団分裂のあとに生じた部派仏教が繁栄を迎える一方、しばらく遅れて大乗仏教運動が興り、やがて各種の初期大乗経典を成立させ、また少数の論書もつくられた、前三世紀半ばから後四世紀はじめまでの約五百五十年間をさす。

後期仏教は、三二〇年にグプタ王朝が全インドを統一すると、生粋《きっすい》のヒンドゥーイズムをひたすら推進させ、バラモン諸文化が一大光輝を放って、仏教は急速に民衆の支持を失い始め、それでもなお一部には、ヒンドゥーに反して四姓《カースト》平等を掲げる仏教が根強く教線を張り、大学問寺の繁栄と多数の学僧の登場と諸学説の伝統的展開とが見られ、また仏教再興が数次にわたり計られ、やがては密教の隆盛を迎えるなかで、しかしついに一二〇三年に、最後の拠点のヴィクラマシラー大寺がイスラーム軍による徹底的破壊を受けて消滅し、それ以降は依るべき教団もないまま、インドの伝統的仏教は衰退からやがてその幕を閉じる、この十三世紀初頭までの約九百年間となる。

以上の年数はあくまで概数であり、しかも私自身はこのような概数であってなんら支障はなく、むしろ概数のままのほうがよいと考えている。

なお前掲の藤田論文は、もしも三枝試案を採用するとすればという仮言（これに対して藤田論文は上述したように否定的である）のもとに、より正確を期して、初期仏教は、釈尊の成道（中村元博士の年代にもとづくと前四二八年）からアショーカ王の即位（前二六八年）または退位（前二三二年）までの百六十年ないし百九十六年間、中期仏教は、その後三二〇年までの五百五十年ないし五百八十八年間、後期仏教は一二〇三年までとして八百八十三年間と、細かい年数まで掲げておられる。

ともあれ、私見にもとづく右の三分説において、それぞれの年数が長短区々である（これが藤田博士の批判＝疑問点の一つ）のは、三分割とは三等分では決してないということによって肯かれよう。すなわち、一言で簡潔明白に概括すれば、インド仏教史を、初期は創始にもとづく興隆、中期は繁栄、後期は衰退から滅亡という、仏教のインド社会における実情に即したものにほかならない。また三分割が三等分とならない例は、一般に古代・中世・近代（近世）を採用する場合に、つねに（といってよいほど）見られる。

たとえばインド史において、上掲の拙稿「インド仏教史の三分割」にも略述したように、古代を七世紀半ばもしくは十二世紀末までとし、中世を十八世紀半ばまでとする大部分の学説に依拠すれば、古代は二千年以上、中世は約千年ないし六百年たらず、近代は二百年あまりとなる。また西洋哲学史においても、周知のとおり、中世の千五百年余は、古代の約五百年、近代の三百年ないし四百年たらずに比して、あまりにも長い。

しかもこれらの著しい不均衡は、学界全般に承認され受容されている。それらと対比しても、インド仏教史の私案による年数のアンバランスは、なんら意に介する必要はなく、むしろそれぞれの情況に即しつつ、概数にもとづく三分割が望ましい、と私は考える。

4

一方、本稿において「ブッダ観の展開」を論述しようとするのは、上述の理由のほかに、仏教は決して特定のドグマにもとづく宗教ではないことを確認したいという私見による。仏教は、仏教の術語でいうならば、法《ダルマ》中心というよりは、より人格的なブッダ―仏中心の宗教というべき性格をもち、たとい法《ダルマ》が大いに重視された一時期があったとしても、それを説き教えた人格と切り離して法《ダルマ》のみが先行し壟断《ろうだん》することに、仏教はなじまなかったと考えられる。確かに、初期仏典[4]には、よく知られているつぎの一文がある。

> 縁起とは何か。すなわち、これがあるとき、かれがある。これが生ずるとき、かれが生ずる。すなわち、無明に縁《よ》って諸行、ないし〔苦の全大群の〕集がある。
> 無明に縁って諸行とは、如来たちが生じても生じなくても、実にこのことわりは定ま

り、法の定まりとしての法そのものである。

如来はそれをみずから通達し覚って、述べ、告げ、設立し、分別し、解明し、明らかにし、示し、明示する。すなわち、無明に縁って諸行。（以下略）

これによれば、縁起という法《ダルマ》が先で、如来＝仏は従ということもあり得よう。しかしながらたとえば仏法僧の三宝においては、つねに仏宝がトップにあって法宝はそれにつぐ。その理由を探って、拙稿「ブッダの根本義と大乗諸仏の出現」(5)に考察を試みたことがある（本書に「第四章　ブッダと諸仏」として転載）。

また部派仏教〔の一部〕においては、法《ダルマ》中心ないし法《ダルマ》第一という傾向が見られる。しかしそれら法《ダルマ》が伝承され、保持され得たのは、決して貝葉などに書きとめられた文書ないし資料によってではなく、それらを守りつづけた教団があったればこそであり、まさしく教団を形成した出家僧たちによって法《ダルマ》の連綿たる継承が可能であり、実現することができた。教団は三宝でいえば僧宝であり、その僧宝のなかから偉大な仏教者たち(6)の出現があり、かれらの有名・無名にかかわらず、たえず在家信者たちとの接触と支援と交流も保たれて、仏教そのものが、そして法宝もまた、今日まで伝えられている。

このような事情は、東南アジアの南方仏教にも、チベット仏教にも、中国仏教にも、朝鮮半島仏教にも、そして日本仏教においても、まったく変わらない。釈尊の入滅以後の仏教は、釈尊には到底及び得ないとはいえ、仏宝にもなぞらえ得るような傑出した出家者の登場があって初めて、法《ダルマ》すなわち教義の進展があり、ときに革新があり、ないしは少なくとも継承があり、こうして仏教は現在にいたっているのであって、法《ダルマ》ないし教義のひとり歩きでは決してない。

もとより、仏教は一面に広義の思想・哲学においてひときわ卓越しており、それを私自身はきわめて高く評価して、これまでその研究に専念してきた。しかし同時に、いわゆる宗教という面においては、やはりそれに関係する無数ともいうべき生きた人間の人格的な要素といったもの（ときにはそれは超越して超人格ともいうべきもの）を、決して忘れることはない。宗教はまさしく人が創り守り伝え、各人の人格を通して顕現・維持・普及・展開・伝承される。人格という語が不鮮明ならば人間性（personality, Persönlichkeit 人のもつ生きた個性・資質・人柄）と称してもよい。そしてそれを欠いたならば、法《ダルマ》＝教義そのものが現実から遊離して、いわば死せる屍としての法《ダルマ》＝教義に堕してしまう（その点が哲学・科学とは異なる宗教の特質と考えられよう）。

以下に論ずるブッダ観に関しても、私自身の研究態度からは多分に教義的色彩が濃くならざるを得ないとはいえ、それでもなお、右にも触れたように、ブッダ観をテーマとすることそのものが、仏教を今日的意味における宗教として考え、それをいわゆる宗教哲学的な側面から考察したいとの私見にもとづく。

5

本論に入るまえに、つぎの五項をあらかじめお断りしておこう。

第一は、ブッダは周知のとおり覚者（覚ったもの）であり、この呼称は、仏教やジャイナ教はもとより、ウパニシャッド文献や叙事詩などに登場する聖者たちにも共有された。しかしながら、仏教の興隆・拡大・発展に伴い、やがてはブッダの語の使用は仏教のみに限定され、それがインド全体に普遍化するようになった。以上の歴史的状況にもとづいて、本稿でもブッダの語の使用は仏教内部に即し、またそれに限られる。

第二に、ブッダには、これもよく知られているように、数多くの異名すなわち名号がある。このうち、ここではブッダのほか、「如来」の語をしばしば用いることにする。（なお「如来」の語についても、右の第一に述べたことと同類の配慮がなされる）。

第三に、私はこれまで著書や論文などの記述において、片仮名の「ブッダ」によってゴータマ（ガウタマ）・ブッダすなわち釈尊をあらわし、また漢字の「仏」は大乗の諸仏その他を指示するよう、両者の区別に留意してきた。しかし本稿では「ブッダ観」にはそのまま「ブッダ」を残すものの、それ以外はすべて漢字の「仏」を使用することにする。

用いる)。

そのために、右の使い分けのうちの「ブッダ」を「釈迦仏」と記す(ときには「釈尊」も用いる)。

第四に、ブッダ観には、仏教の術語でいう仏身論が必然的に随伴するために、それに関しても必要最小限ながら関説する。

また第五に、本稿では、西洋哲学のいわゆる神観念をめぐる宗教哲学の論述の適用を試みたい。いうまでもなく、インド仏教のブッダ観の変遷・展開は、釈尊入滅と同時に始められ、七世紀以降の密教まで継続する。一方、私の用いるのは西洋哲学の(概略的ながら)キリスト教にもとづく論述であり、しかも本稿にとりあげるのは、カントを中心とし、それ以後の展開にかかわり、年代的には十八世紀半ば以後に属する。

仏教の前五世紀ごろからほぼ後七〜八世紀までの状況を、西洋哲学のはるか後代の論理展開をもって考察し解釈することは、一見、時代錯誤《アナクロニズム》と受けとられるかもしれぬ。しかし後者の西洋哲学には、いわゆる神観念に関して、精密で普遍妥当する宗教哲学の理論が付随していることが多く、それを活用することによって、前者のインドのブッダ観の展開においては、これまで種々のブッダ観が提示されるのみで統括的な理論構成をほとんど欠いているという実情にかんがみ、その欠落部分を補足し論述し得るならば、それは決して無効でも無益でもない、と私は考える。

およそ人類の思惟には、一方に、地域・民族・歴史・風土・習俗その他（それらをすべて合わせて、これまで私は「環境」と呼んできた）にもとづく異質性が頑として存在すると同時に、他方に、同じ人類の一員として、その思惟には共通性ないし類似性が見られる〔箇所がある〕というのが、比較思想の最も基本的な地盤《ベイス》なのであり、本稿は右のうちの後者にもとづく私見をここに提示して、諸賢のご批判を受けたい。(7)

以上、きわめて長文のプロローグを終えて、ようやく本論に入る。

二　初期仏教のブッダ観

1

仏教が、釈尊の成道において釈尊の内奥に誕生し、さらにそれにつづく転法輪によりこの地上に創始されたことに関しては、なんびとも異論はない。仏身論を用いて表現すれば、色身《しきしん》（rūpakāya 生身といってもよいが、本稿では色身の語を用いる）の釈迦仏は、そのまま法身《ほっしん》（dhammakāya, dharma-kāya）そのものであり、それは釈尊八十歳の入滅時まで一貫する。

さらに入滅後の暫時は、釈迦仏に直接見《まみ》えた仏弟子や在家信者たちに、その強烈な印象・記憶とともにそれ以前とほぼ同様に残存したとはいえ、色身は当然のことながら一種の俤《おもかげ》と化して行く。

最初期の仏教を導いた釈迦仏の教えと戒めとが、仏弟子たちによって守られ伝えられて行くなかで、おそらくは釈尊の本来の意図したものとは少なくとも直接のつながりはやや薄く、仏教はいわゆる宗教集団としての地位と機能とを具備するようになり、その推進役を務めた仏教教団《サンガ》は、みずからの整備と発展とを進展させる。それによりやがて仏教はインド各地に普及し拡大して、仏教の興隆は目ざましいものがある。こうして上述のとおり約百五十〜二百年ほどの間に、初期仏教は右の教えと戒めとを多くの人々に伝え、人々を導いた。（とくに初期仏教はアショーカ王の帰依と保護後援を受けて、ほぼインド全土に定着した）。

それらのうち、教えにもとづく経は、おそらくかなり古い時代に、まず詩型に置き換えられて、記憶と口誦との便が計られ、散文をも加えながら、さらにその言語は、釈尊と仏弟子たちの用いたと推定されるマガダ語から、各種のインド語（サンスクリット語、パーリ語、その他の俗語）に移された。

こうして口伝のつづけられた長い期間に、付加や増大を示す「増広《ぞうこう》」があり、縮小や削除をあらわす「損耗《そんもう》」がおこなわれ、あるいは「決まり文句」（piyāla, peyyāla）への固定や定型化があり、また同一の文章の反復があり、一種の編集があり、そうしたなかで、次第に後代の変更をも付加して行く。

ここでのブッダ観に着目するならば、釈迦仏の超人化の進行と、過去仏の誕生と、そして「ジャータカ」などに説かれる前生譚《ぜんじょうだん》の創作とが特筆されよう。これらを仏身論であらわすならば、過去仏はいわば応身に、仏の前生譚は他受用身―報身に相当するともいい得るであろうが、まだこの時代には仏身論そのものが生まれていないために、これ以上は立ち入らない。〔なお「ニダーナ」（因縁）と「アヴァダーナ」（譬喩）も、「ウパデーシャ」（論議）とともに、いわゆる九分経に付加された十二分経を強力に推進し、この三種はとくに拡充され豊熟して行く〕。

釈迦仏の超人化は、宗教学の用いる一種の超越思想の反映とも見なされ得るが、同時に、過去仏と前生譚との二つは、それにもかかわらず、仏教の教説をはるかに上廻ってインド人に強固な業《カルマ》＝輪廻転生思想に関係する、と評してよい（本来は、すでに輪廻を脱して涅槃《ニルヴァーナ》をみずからに体得した仏に関して、その輪廻を想定することは、或る意味でナンセンスに属するといわざるを得ないけれども、このような公式的理論はここには妥当しない）。

ここでとくに注目すべきことは、つぎの一点であろう。たとえばニグリーヴァにあった仏塔をアショーカ王が修築して供養したさいに、その碑文に「コーナーガマ」（Konāgama

後述する過去仏の第五仏の名）と刻んでいるところにも明らかなように、確かに、過去仏への念と信とがそのころには根を張り、その仏は次第に数を増して、毘婆尸《びばし》（Vipassī, Vipaśyin）仏以下の過去七仏に達したことが、すでに初期経典の各所に知られるにせよ、またあまたの「ジャータカ」（現存するパーリ「小部」中の『ジャータカ』は計五四七話を収める）に登場する仏にせよ、それらはことごとく釈迦仏に収斂されていて、表面的にはあたかも多仏のごとく映じても、実質的にはあくまで釈迦仏のみであり、釈迦一仏思想はなんらの動揺もない。

なお、右の「一の5」の断りの第一にも記したように、パーリの五部と漢訳の四阿含（その異訳も含む）には、仏も如来も、その複数形がときおり（見かたによってしばしば）現われるとはいえ、それはいわゆる普通名詞としての覚者または真実の体得者たちであることを、敢えて付言しておこう。

こうして上述のとおり、色身の釈迦仏の入滅以降、時代を経過するにつれて、釈迦仏は一種の理念（Idee）的存在となり、仏身はいわば理身ということになろう。〔そしてそれとともに、やはり上述した超越化が進行する〕。この理身としての仏身は、やがては法身と命名される仏身に展開するとはいえ、その間の差異は微妙であり、初期仏教に法身説を認めてよいか否かは、容易に断言しがたい。たといそれらの諸資料に「法身」の語が見えても、それは後世の挿入の可能性も濃い。そしてさらに、たとえばアショーカ王は釈迦仏を敬慕[8]して、ストゥーパの建立などに精励したことが知られており、この場合には、まさに色身と理身とのミックスしたごとき仏身崇拝と解するのがふさわしいと考えられる。

2

中期仏教に入り、既述のように、諸部派は潑剌たる活動を迎える。まず初期仏教以来口誦により伝承されてきた教えと戒めとを、それぞれの部派ごとに、経と律として整備したうえで固定し、やがてはいくつかの有力な部派のすぐれた学僧たちが論（アビダンマ、アビダルマ）を創作する。

そのブッダ観を見ると、釈迦仏は完全に理念《イデー》化され、それとともに、その理念《イデー》には、たとえば丈六（一丈六尺すなわち普通人の二倍）の仏、三十二相、さらに八十種好、十八不共法といった、一種の超人化ないし神格化が進められる。〔逆に、およそ紀元一世紀末ごろまでイメージのみに委ねられていた釈尊の相好をめぐって、やがては現身の具わる彫像が開始されるようになり、仏像彫刻は全インドに急速に拡大し普及する〕。

また先にいちおう理身と呼んでいた仏身は、ほぼ法身として、いっそう安定した地位を確保する。さらには、たとえば釈迦仏の般涅槃（parinibbāna, parinirvāṇa）に対しては、とくに無余〔依〕涅槃（anupādisesa-nibbāna, anupadhiśeṣa-nirvāṇa, nirupadhiśeṣa-nirvāṇa）の術語が賦与され、それに灰身滅智[9]を当てているのは、他方に色身の釈迦仏を強く意識していたことの裏返しの証しと見ることができよう。

　諸部派のなかで、進歩的とされた大衆部系のブッダ観に多仏思想が登場し、それはとくに大衆部系の説出世部が伝持した『マハーヴァスツ』に説かれる[10]。もとより、この一切世界における多仏は、理念《イデー》化された釈迦仏を、古代インド人の空想的な宇宙観により、私たちの住むこの一つの三千世界から、さらに多数の〔一切〕三千世界にまで拡大したうえでの諸仏であって、これもまた理念《イデー》としての仏にほかならず、仏身の法身説とパラレルに歩むと考えられる。

三　西洋の宗教哲学について

1

この理念《イデー》の展開というテーマを軸に、突如、話題を変えて、「一の5」に述べたように、西洋哲学史における神観念をめぐる宗教哲学の理念展開の概略を、ここに考察しよう。ただし神観念のうち、その神学的諸問題とはやや無関係に、哲学——宗教哲学的課題として私が最大の関心を寄せているのは、いわゆる神の存在証明の理論であり、本稿でもそれをめぐって論述する。

神の存在証明に関しては、よく知られているように、とくに中世のアンセルムスとトマスと近代初頭のデカルトとのそれが最も著名であり、デカルト以降、一方に、マールブランシュ、スピノザ、ライプニッツ、またバークリなどの一種の肯定論があり、他方に、ガッサンディ、ヒュームなどの否定論が出されたあとに、周知のとおり、カントの徹底した批判によって、ほぼ結着がつけられたとされている。

それらの概要は西洋哲学史の多くの書物に語られるが、さらにそれらの各々について、そしてカント以後のヘーゲル、後期シェリング、ヴァイセその他を動員しつつ最も詳細に綿密に論究しかつ自説を展開した名著が、現在のドイツ哲学の最尖端を行くミュンヘン大学教授ディーター・ヘンリッヒによる『神の存在論的証明』[11]の大冊であり、これが邦訳される以前に、すでにわが国の多くの哲学者によく読まれ、ことに小川圭治『主体と超越』[12]の「第四章　神学方法論の確立」中の各節に活用されている。

本稿はしかしそれに深く立ち入る余裕をまったくもち合わせぬために、従来の西洋哲学史において広く知られているいわば常識的な知見のみで、論述を進めて行くことにする（なお、これらの議論および以下の記述はすでに拙著『宗教のめざすもの』[13]の「第三章　キリスト教と西洋哲学」に、かなり詳しく論究してある）。しかも本稿ではブッダ観の展開を主題とするところから、カントによる「神の存在証明」の批判から出発して、それ以降の宗教哲学の流れを、ごく概略的に記すにとどめたい。

2

カントの『純粋理性批判』[14]のなかから、ここでの諸問題に緊急な理論のみを述べる。いうまでもなく、同書は、先験的感性論、先験的分析論、先験的弁証論の三つより成り、「すべて私たちの認識は感官に始まり、つぎに悟性へと進み、理性にいたって終わる」（B. 355）という最もよく知られる一文がその概要を物語っている。同書の綱格を一言にまとめて示せば、まず感性（感官）の受け入れる多様な直観は、先験的分析論に論ぜられるように、悟性により統一されて、その対象が認識され、ここに概念が形成される。

つづいて認識ならびに概念はつぎつぎと生まれ、ここで先験的弁証論の論述においては、それら諸概念の統一を果たすべく、「純粋理性の概念」である「理念」（Idee）が機能する（「純粋」とは一切の経験を混じえないありかたをいい、「理論理性」というのとほぼ同じ）。同書は、理念《イデー》（正しくは「先験的理念」）が三種に限られることを綿密に論証したうえで、その三種とは「魂の不死」「意志の自由」「神の存在」であり、しかもこの三種は、理性が理論的（theoretisch）使用を超えて、思弁的（spekulativ）使用による「仮象」（Schein）であることを、徹底的に論究する。右の理論的使用とは、認識の内容としての感性的直観があたえられている場合であり、それに対して、思弁的使用においては、そのような内容としての直観があたえられておらず、たんに悟性のみが空転しており、当然それは無内容であり仮象《シャイン》たらざるを得ない[15]。

いま右の三種についていえば、「魂の不死」は純粋理性の「誤謬推理」（Paralogismus）として、「意志の自由」は純粋理性の「二律背反」（Antinomie）として、そして「神の存在」は純粋理性の「理想」（Ideal）として論ぜられ、この最後に現われた「理想《イデアール》」は「理念よりもさらに客観的実在から遠いもののように思われる」（B. 596）としながらも、その「純粋理性の理想」に関して、カントは、「神の現存在」という理念の個体化（in individuo）と実体化（hypostasieren）と人格化（personifizieren）（B. 596-611）とに向かう必然性を、思弁の及ぶかぎりにおいて論じようとして格闘する。

もとより、それらはカントみずからがそれにつづいて、「神の現存在の証明」を「本体論的」（ontologisch）と「宇宙論的」（kosmologisch）と「物理神学的」（physikotheologisch）との三種に分かち、その三種以外には存在し得ないとしたうえで、右の三種の証明を個別に（右の順に）厳しく批判して（B. 620-658）設立、いずれも「証明の不可能」であることを、まことに鮮やかに論証する。

そのことは、カントの『実践理性批判』においても明瞭であり、一言で覆うならば、すでに理論理性からは離れて、神の存在は実践理性にとって「要請」(Postulat) として立てざるを得ないことが評述される。またカント晩年の『宗教論』は「たんなる理性の範囲内における」という副題をもち、「根元悪」その他を論じても、いずれにせよ、カントにおける神の問題は、そのきわめて堅固で難渋な文章の行間に真摯なピエティストとして神への篤信を奉ずるカント像がひしひしと映じてはいても、その諸著作に論述されるかぎりにおいては、右にも記したように、理論理性(純粋理性といってもよい)における理念《イデー》から理想《イデアール》へ、そして実践理性における要請という限界を超えることは、決してない。

3

以上のカントならびにそれにつづくいわゆるドイツ観念論の宗教哲学的考察(ただしヘンリッヒの上掲書によれば、その間に大きな異動が見られるという)を鋭く批判したのが、シュライエルマッハーであり、また別の面におけるフォイエルバッハであって、二人ともに、各々のアプローチは質的には異なるものの、直接かつきわめて端的に「宗教の独自性」を回復させつつ、宗教の本質を「感情」(Gefühl) に置く。とくにシュライエルマッハーには「絶対の依存感情」(schlechthinniges Abhängigkeitsgefühl) という、最もよく知られた術語がある。他方、フォイエルバッハもこの「依存感情」をとりあげ、それにもとづいて、「自然宗教の神は人間によって神化された自然力」に、「精神宗教の神は人間の本質」に解消したうえで、両者を「人間」そのものに、さらにその人間の「願望」に還元する。

シュライエルマッハーのラインは、さらにルドルフ・オットーの説く著名なヌミノーゼ(Numinöse) につらなり、この「概念的理解がまったく不可能な非合理なるもの」の六つの要素が掲げられるが、それらはすべて、宗教を人間の内なる感情に即して探究される[16]。

さらに別の方向に、キルケゴールの宗教論があり、その『人生行路の諸段階』には、美的実存、倫理的実存、宗教的実存が語られる。宗教的実存はさらにAとBとに分けられ、その結論のみを記せば、宗教的実存Aにおいては普遍者としての「理念《イデー》」において支えられ得た理性が、宗教的実存Bにおいては、個体化され、実体化され、人格化された理念としての「理想《イデアール》」において、すなわちイエス・キリストにおいてでなければ、理性の救いは完全化されないと説く[17]。

ここにも理念《イデー》から理想《イデアール》への移行が主張されると同時に、右に掲げたシュライエルマッハー以降の宗教哲学者たちが、神という超越性を、その超越性においてとらえようとする方向よりも、それが人間においていかにあるかという、宗教者みずからに内在するありかたへと、宗教の本質の探究を転換しつつ、もちろん神の超越性を第一義としながらも、どこまでも内在的な神を探究している点が、とくに注目に値する。

付言を添えるならば、マルティン・ブーバーの『我と汝』においては、超越者がまったく人格的な「汝」(Du)として立ち現われる、その如実を強調する。

四　大乗仏教におけるブッダ観の展開

1

以上の西洋の近年の宗教哲学理論のスケッチから明らかなことは、神観念の探究に関してその方向が少なくとも二つあり、一つは理念《イデー》から理想《イデアール》へ、他の一つは超越から同時に内在へという、きわめて説得力に満ちた論述であり、それをすでに述べたように、本稿の以下の考察に援用する。

中期仏教の最大の特徴は、部派仏教の確立よりもしばらく遅れて興り、やがては一大勢力を獲得するようになった大乗仏教運動があげられる。その運動は長い胎動ののちに、インドのおそらくいくつかの地を中心として、しかも相互にそれほど連繋のないまま、生まれ、育ち、発展して行き、やがては初期大乗経典の核となる部分を成立させ、それらが各々の経として独立して[18]、ついには大乗仏教という不動の地位を占めるにいたる。

2

ここでは大乗仏教のブッダ観をとりあげる。

最初に登場するのは、固有名詞をもった諸仏であり、それらはおそらく大乗仏教運動とかなり緊密に連繫し合ったと考えられる在家信者がひたすら求めた救済志向と、とりわけ関係が深い。あるいは、当時とくに北インドにあいついで侵入し長期間君臨した西方のさまざまな異民族ならびにその宗教をも含む諸文化の影響も、一部には考えられる。

ともあれ、紀元前後の約二百〜三百年を通じて、それら異民族支配のもとで、苦難にあえぎ、さらに独自の伝統を踏みにじられた人々が、或る意味で、暗黒の現実から離れた一種のユートピアを夢想せざるを得なかった当時の思想背景もかなり密に関連しよう。

従来の十方の多世界は、いわば現実世界のたんなる量的な拡大にすぎない。それに対し、ここではそうではなくて、一部にはたとい或る一方向が含まれるとはいえ、現実をはるかに超えた、まったく質を異にする理想境が想定され、そこにある〔べき〕仏は、従来の覚者としての仏では収拾がつきかねて、その仏は、現実の苦境から理想境への救済を約束し、さらに進んでは、人々の切なる希求をそのまますみずからの誓願（本願）とするような性格が託されることになる。

こうして、釈迦仏において、ないしは理身＝法身において、理念《イデー》として想定されていたいくつかの特性を、そのとおりに理想《イデアール》とする諸仏の登場を見るにいたる。そのなかで最もよく知られる諸仏はつぎのとおり。

まず、弥勒《みろく》仏（Maitreya-Buddha）は、当時の庶民に横溢していた他者への共感ないし救済の根原となる「慈」（maitrī, maitrā, maitryā）にもとづく。

あるいは、阿閦《あしゅく》仏（Akṣobhaya-Buddha）は、釈迦仏が平安に満ちて何にも動ぜず怒ることがない（a-kṣobhaya）ありかたに、薬師如来（Bhaiṣajya-Guru）は、より端的に救済を求めつつ釈迦仏を大医王とする理念に、また阿弥陀仏（Amitāyus-, Amitābha-Buddha）は、釈迦仏の無量の寿命なり光明なりに、毘盧舎那《びるしゃな》仏（Vairocana-Buddha）および大日如来（Mahā-Vairocana-Buddha）は、釈迦仏の光明の遍満という理念に、ならびにその法身のままの説法という希求に、それぞれが応じており、また無量の年齢という理念にもとづいて、『法華経』の「久遠実成の本仏」が説かれ、その中核となる（なお以上の名称に関して、「仏」には音写が、「如来」には漢訳が付随していることは、興味深い。おそらくそれは、元来、「仏」が音写、「如来」が漢訳というありかたに相応するのであろう。ただ阿弥陀仏はのちに無量寿仏または無量光仏とも訳され称されるようになり、それはこの仏と信徒との親近性を物語ると考えられる)。

これらの諸仏はまさしく理念《イデー》から昇華した理想《イデアール》の結晶であり、あるいはそれらが信者たちからの願望に応ずる面がきわめて強烈であるがゆえに、かえってそれらへの絶対的な帰依・依存が初期大乗仏教の大半をリードして行く。

3

諸仏と並んで、大乗仏教の担い手となった観音(=観世音、観自在)を初めとする諸菩薩は、本来は釈迦菩薩という理念《イデー》から発してはいても、その理想《イデアール》形態に達した時点においては、かつての釈迦菩薩に不可欠であった授記を、したがってみずからの将来の作仏(成仏と同じ)を、当初から放棄して顧みない。

しかもこのありかたは、興味深いことに、伝統保守の色彩の濃い部派として知られ、釈迦仏のみ、すなわち一仏のみを信奉する上座部(19)にあって、初期仏教においては釈迦仏の名号の一つであった阿羅漢を、釈迦仏から切り離して、卑俗な表現でいえば一ランク下げて、出家修行者の到達し得る最高の境地とし、そのことは、菩薩が仏=覚者とはついに成り得ないことをみずから容認し受容するといったありかたと、パラレルをなし、ないしは酷似している。もとより、菩薩と阿羅漢とは、その内谷に質的な差異を含みながら、ともに形式的には、理念《イデー》化されて実現可能な菩薩・阿羅漢に対して、理想《イデアール》の仏は完全な超越者として立つという性格を表明している。（なおインドでおそらく最大・最強の部派の有部は菩薩の語を採用していないという）。

やがて、おそらく部派仏教からとり入れたのであろうが、術語としての仏身（Buddha-kāya）論が現われる。中期仏教をいわば締めくくる役割を果たす『大智度論』巻九（大正蔵、二五巻、一二一下～一二二上）には、「仏は二種の身有り、一は法性身、二は父母生身」「法身仏〔と〕生身仏」とあり、また同巻十（同、一三一下）には、「仏身は二種、一は神通変化身、二は父母生身」とあって、前者の「法性身」と後者の「神通変化身」とは同一と見てよい。

さらに同巻三十（同、二七八上）には、「仏身は二種有り、一は真身、二は化身」とあり、同巻三十三（同、三〇三中）には、「仏は二種の身有り、一は法性生身、二は随世間身」とあり、同巻三十四（同、三一三上～中）には「上に已に二種の仏有りと説けり、一は法性生身仏、二は随衆生優劣現化仏」とあり、同巻八十八（同、六八三上）には、「仏は二種の身有り、法身と生身」とあり、そして同巻九十九（同、七四七上）には、「仏は二種の身有り、一は法身、二は色身」とあって、一部に「化身」の語も見えるが、その大要から眺めるならば、同書の仏身論は色身と法身との二身説と考えるのがふさわしい[20]。そして、この二身説をもって中期仏教は推移すると考えてよい。

4

かつて私は「『中論』におけるブッダ観」という小論[21]において、『中論』約四百五十詩から、ブッダおよびブッダに関連のある術語（たとえば、muni, mahāmuni, bhagavat, paramarṣi など）を集めて、それらを含む計四十詩あまりの一々について、その各詩を初期仏教諸資料と対照し、おおまかながらもその諸資料に見えるものと見えないものとに分類したうえで、初期資料に辿れる詩のブッダをいわば釈迦仏すなわち色身仏に、初期資料にない詩のブッダを法身仏に比定した。ここにもほぼ上述の二身説の片鱗が窺われると見ることができる。

ところでその『中論』「観如来品」第二十二は、この章のみに限ってタターガタの語を用い、それについて論究する。その内容などは本稿には省略するが、その結論をいえば、『中論』独自の縁起―無自性―空の論理の展開を経て、「タターガタ（tathāgata）＝如来」と「世間」（jagat「生類」とも訳す）との連絡橋が示される。

すなわち理念化からさらに理想化されてはるか彼方に仰ぎ見られた如来の超越性が、五蘊および取（upādāna）との関連のもとに、それらすべての「無自性―空」を契機として、一種の内在への道が暗示されている、と評してよいであろう。

5

右の超越から内在へという、先の西洋の宗教哲学の論理に色濃く写し出された方向は、後期仏教のブッダ観においてきわめて鮮明となる。いうまでもなく、如来蔵ないし仏性の思想がそれであり[22]、当初は、そして本来は、如来・仏の立場から説かれたこの思想ないし術語が、やがては凡夫もしくは一切衆生の側からとらえられるようになり、いずれにしても、仏・如来の内在化は、或る意味において大きな飛躍を遂げる。

この思想は、その方面の専門家によれば、『宝性論』に説かれた以後はインドには消滅するともいわれる[23]けれども、私は、この思想を受けてこそ、しばらくの表面上の潜伏（このことはインドにしばしば見られる、たとえばいわゆる中観派は約二百年の潜伏がある）期間を経て、やがてインド仏教の掉尾《とうび》を飾る密教に再生し、その「即身成仏」の思想を生みだし得たのではないかと考える。そしてそれは、超越即内在という、いわば宗教哲学のクライマックスに達したものであろうとも考えてよかろう。なお、中国天台の同じ「即身成仏」や、禅の説く「即心是仏」も、右と同列に置かれ得る。

また後期仏教の仏身論は、中期仏教の二身説から一歩進んで、瑜伽行派による三身説が最もよく知られる。すなわち、自性身（svābhāvika-kāya）と受用身（sāṃbhogika-kāya）と変化身（nairmāṇika-kāya）との三身、しかしより広く用いられるのは、法身《ほっしん》（dharma-kāya）と報身《ほうじん》（saṃbhoga-kāya）と応身《おうじん》（または化身、nirmāṇa-kāya）との三身であり、その間に合身開応の三身、開身合応の三身などが説かれる(24)。

なお『成唯識論』に見られるように、自性身は法身、受用身は自受用身と他受用身とに分かれ、その自受用身は報身、他受用身は報身または応身、そして変化身と他受用身とするなど、仏身論はさらにさまざまな議論に飾られる。

ともあれ、この三身は、語としては理想《イデアール》として超越化された仏でありながら、ちょうど上述の『中論』の「観如来品」に暗示されたように、それをより明確にして、一切衆生の周辺に顕現し、しかも遍在する。このことはやはり、超越者の内在を裏づけようとの意図にもとづく、と私は考えている。

五　ブッダ観の展開をめぐって

1

以上の「ブッダ観の展開」の考察を顧みるならば、初期仏教においてその萌芽が窺われ、中期仏教の繁栄のさなかに開華した仏身二身説が、そしてまた理念《イデー》から理想《イデアール》へと完全に超越化されたブッダ観が、ようやく衰退を迎えかける後期仏教に入るとほぼ同時に、理論としての仏身三身説が整備される傍らで、如来蔵（仏性）思想が説かれて、この両者には明らかに超越化された仏・如来の内在化が現われ、進められ、強化され、高揚され、しかしやがてはいわば卑俗化されて行く、このようなブッダ観の展開の三段階と、私の提案するインド仏教史の時代区分の三分法とが、ここに符合している、と私は結論したい。

もとより、その間には種々の紆余曲折があり、多くの例外も認めなければならないであろうが、それらをすべて受け入れても、右の私の結論は大枠をつかんで妥当し得るといってよいであろう。

2

末尾に付言を加えたい。

右に用いた超越と内在という場合、その本来の性格からして、超越は否定を、内在は肯定を、それぞれの最も主要な契機とする。

そのことを考慮しつつ、右の時代区分にその一部が含まれ、さらにそれにつづく仏教史を考えてみたい。後期大乗、ことに上述したように二百余年の表面上の潜伏ののちに再生した中観派にあっては、徹底した空観が支配的であり、当然、その表現はほぼ全面的に否定の語と否定的要素とで満たされてはいるが、それと並んで、他方にたえず方便を強調する点において、むしろ方便重視が頂点に達した実情[25]からすれば、肯定の面はどこまでも堅固に留保しており、ここに此岸と彼岸との架橋が実現する。周知のように、この教線は（インドには絶えるけれども）チベット仏教に連なって、ここで大輪の花を開いた[26]。

それに対して、もともと肯定的要素を愛好する傾きの強い中国人が仏教を受容したさいに、次第にその否定的側面は奥に隠され、それに由来する諸矛盾の剔抉《てっけつ》をも放棄して、それよりも、博識ながら妥協的な三論、大胆で体系的な天台、壮大で融通無礙の華厳、端的で純真な浄土、また精緻きわまりない法相、神秘性のあふれる真言といった宗とその宗学とを、本質的な現実肯定の世界観にもとづいて樹立する。

ただし、中国仏教も、それとかなり親密な関係にある朝鮮半島仏教も、ほぼ厳格な出家仏教を維持しつつ今日にいたるという実践面においては、やはり一種の否定的要素（世俗の否定）を依然保っている。

この流れを受けて、日本仏教は、当初はほぼそのままをいちおうは継承するものの、しかしながら、全体の潮流としては肯定の要素がかなり深く浸透し、同時に、在家仏教(27)の色彩がきわめて濃い。いうまでもなく、最澄・空海をはじめ、いわゆる鎌倉仏教の祖師たちや高僧たちは、右に述べた超越即内在の仏をひたすら探究して、それをみずから体得し、さらに徹底させたという輝かしい業績を果たした。

それと並んでまた、とくに日本に顕著な在家仏教というありかたは、種々の批判を浴びる反面、一般民衆との親密な接触をたえず保持し、それをいっそう促進させたという、いわば社会教育的な面におけるメリットをも顧慮されてよいと思われる。

いずれにしても、ブッダ観は全仏教史を一貫する軸に相当するものであり、本稿では主題の関係上、インド仏教史の時代区分とパラレルに論述して、インド以外の他の仏教〔史〕は付言にとどめざるを得なかったが、キリスト教の神観念と同じく、より精密で奥深いブッダ観に関する諸議論を、私は待望している。

註

（1）拙著『ヴァスバンドゥ——人類の知的遺産14』講談社、一九八三年、五〜一四ページ。

（2）藤田宏達「原始仏教・初期仏教・根本仏教」（四二ページおよび五五ページ註62）に示されるように、中国（および台湾）でも「原始仏教」の語が近年になって用いられ、「これは多分、日本の用語の移植であろう」とされる。

（3）以下に三つの弁明を記しておこう。

一つは、拙稿「〈原始仏教〉について」（本書は「〈原始仏教〉を〈初期仏教〉に」）にも明記したとおり、リズ・デヴィヅ夫妻やオルデンベルクは〈原始〉仏教に相当する語を用いていない。拙稿に「近年の数回のドイツ旅行のたびごとに、各地の大学や州立の図書館などに一日ないし半日閉じこもって、ヨーロッパ各国語によるあまたの研究書のなかに、この〈原始仏教〉の原語〔の初出〕探しに明け暮れた」と記したのは、そのような本格的なインド学・仏教学研究の始められる以前、たとえばキリスト教宣教師をはじめとする東方への旅行記その他における呼称を探し求めたにほかならない。

二つには、右の拙稿に、高楠順次郎博士がおそらく原始仏教の命名者ではないかという私の質問に答えて教えられたのは、そこには敢えて人名をあげなかったが、故宮本正尊、故西義雄、水野弘元の諸博士であり、もちろん、姉崎正治、木村泰賢の両博士の業績に充分に通暁したうえでの問いと答えであった。高楠博士はみずから語られても、かならずしもそれを筆に記すことにそれほど熱心ではなかったというコメントも、右の三博士に頂戴したことを記憶している。

三つには、Comparative philosophy を比較哲学とせず（現在でもこの名称を用いることを決して排除してはいない）、比較思想と称することへの疑義（藤田論文の四一ページ）に関しては、しばしば私自身それについて論じ、とくに拙著『比較思想序論』（春秋社、一九七一年、著作集第七巻所収）の「第一章　比較思想への序章」に詳述したので、ここには繰り返さない。

なお藤田論文の末尾の「『原始仏教』か『初期仏教』かという議論も、いずれかに決着すべきであると論争するほどの問題ではない。むしろ重要なのは、どちらの名称をとるにせよ、それによって指示される内容の問題であるというべきであろう」（四二ページ）には、仏教学研究者としてはなんら異論はなく、むしろ心から賛同する。ただし本稿の冒頭に記した趣旨からするならば、やはり初期をとり、中期・後期の三分割を主張したい。

（4）この文は、パーリ『相応部』「一二、因縁相応」の「二〇、縁」（SN. Vol. II, pp. 25 f.『雑阿含経』二九六「因縁法」（大正蔵、二巻、八〇中）、サンスクリット本『因縁相応の二十五経』の「一四、縁」（Ch. Tripāṭhī, *Fünfundzwanzig Sūtras des Nidānasaṃyukta*, Sanskrittexte aus den Turfankunden VIII, Akademie-Verlag Berlin 1962, S. 147–S. 152)。なおこの三本の全文を邦訳して参照しつつ縁起説を論じた詳細な研究は、拙稿「初期仏教の縁起説をめぐって」（『理想』一九八〇年四月号、九三～一〇五ページ、著作集第四巻所収）参照。

（5）『仏教』第一号（法藏館、一九八七年十月、五八～六八ページ）。この拙稿に私はたんに「ブッダと諸仏」ほどの標題をつけたが、編集部により「ブッダの根本義と大乗諸仏の出現」という大仰《おおぎょう》な題に変えられた。本書「第四章　ブッダと諸仏」では旧に復す。

（6）「依法不依人」（法に依れ、人《にん》に依らざれ）という句が『大智度論』巻九（大正蔵、二五巻、一二五上）にあって、しばしば引用されるが、この句は、普遍的な「法」に対し、この「人」はかなり特殊の個人をさし、それに依存してふりまわされないよう警《いまし》めているにすぎない。

（7）拙稿「比較思想の諸類型」（『精神科学』第二七号、日本大学哲学研究室、一九八八年）のうち、とくに「第五の類型」（八～一〇ページ）参照。拙著『比較思想序論』増補新装版、一九九四年、二〇九～二一一ページに転載した。著作集第七巻所収。

（8）ここに「色身」といっても、もとよりこの時代にはまだ仏像は存在せず、たとえば獅子のような一種の象徴にすぎない。

（9）「灰身滅智」のサンスクリット語は不明。藤田宏達博士は『肇論』（大正蔵、四五巻、一五八上）、『摩訶止観』巻五上（大正蔵、四六巻、五二中）をあげる（藤田「涅槃」『岩波講座東洋思想』第九巻「インド仏教2」一九八八年、二八五ページ註35）参照。

なお『金剛仙論』（大正蔵、二五巻、八六四下）には「灰身尽智」という語がある。ただし『仏書解説大辞典』第三巻（四七五）によれば、『金剛仙論』は「世親造の金剛般若波羅蜜経論を、十二分の分科を用いて詳述したもの」であり、「世親の弟子といわれる金剛仙が伝授した教義を、菩提流支が翻訳した体裁」をとり、浄影慧遠・吉蔵・法蔵などが「引用あるいは挙名」するとはいえ、「古来経録にその名を留めず、撰号をも記さない」ほか、現存のこの書は疑問が多いと断定する。

（10）大衆部の多仏思想についてはは平川彰博士のつぎの二著が詳しい。『初期大乗仏教の研究』

（春秋社、一九六八年）一九一〜一九二ページ。『インド仏教史』上（春秋社、一九七四年）二三〇、三三一〜三三五ページなど。

(11) Dieter Henrich, *Der Ontologische Gottes-beweis, Sein Problem und Seine Geschichte in der Neuzeit*, J. C. B. Mohr (Paul Siebeck), Tübingen 1960, 2. unveränderte Aufgabe 1967. その邦訳は、本間謙二・須田朗・中村文郎・座小田豊『神の存在論的証明　近世におけるその問題と歴史』（法政大学出版局、一九八六年）。

(12) 小川圭治『主体と超越』東京女子大学哲学会（発売は創文社、一九七五年）。

(13) 拙著『宗教のめざすもの』（佼成出版社、一九六九年）。著作集第六巻所収。

(14) transzendental を最近のわが国では「超越論的」と訳すことが多い。いうまでもなく、それは transzendent の「超越的」の訳語に対応するものであり、このような訳語は、おそらくハイデガーの ontisch に対する「存在的」、ontologisch の「存在論的」の邦訳に由来するらしい。また「先験的」は天野貞祐の、「超越論的」は九鬼周造の造語と聞いた記憶がある。

(15) このあたりの説明は、高峯一愚『純粋理性批判入門』（論創社、一九七九年）二七五〜二七七ページが、実に要を得ている。このあとの記述も、同書から得られたものが多い。

(16) 上掲（註13）の拙著の「第三章」の「第三節　神をいかにとらえるか――現代思想」、および同「第一章」の「第四節　宗教の本質」に、これらは詳述した。

(17) 高峯、上掲（註15）書、三五七ページ。

(18) 拙稿「経の定義・成立・教理」（『東洋学術研究』第22巻第1号、一九八三年五月）、とくにそのなかの3を参照。
(19) それは現在の東南アジア一帯の上座(テーラヴァーダ)仏教にも通ずる。
(20) このことは、宇井伯壽「大智度論に於ける法身説」(『印度哲学研究』第四)および平川彰「仏陀観と心――大智度論を中心として」(『仏教学』第九・一〇特集号、仏教学研究会、山喜房佛書林、一九八〇年)に詳述されている。
(21) 『印度学仏教学研究』(第十六巻第一号、一九六七年十二月)。拙著『龍樹・親鸞ノート』(法藏館、一九八三年)に再録。著作集第五巻『龍樹』に掲載。
(22) 如来蔵ないし仏性思想の起原に関して、中村元・三枝充悳『バウッダ・佛教』(小学館の二七六ページ(のちの文庫版「小学館ライブラリー」三七七ページ)に、初期仏教、般若経、維摩経、法華経、華厳経などから、緊密な関係にある諸思想をあげ、それらを五つに分類して記した。著作集第三巻二七九ページ参照。
(23) 『大乗起信論』にも如来蔵思想が見られるが、このテクストには成立年代および場所に関して問題のあることが諸研究者に熟知されている。
(24) この説の概略は、たとえば平川彰『インド仏教史』下(春秋社、一九七九年、一六三~一六七ページ)、武内紹晃「仏陀観の変遷」(『講座・大乗仏教』第一巻、春秋社、一九八一年、一五四~一八一ページ)、同「仏陀論――仏身論を主として」(『岩波講座　東洋思想』第九巻「インド仏教2」一九八八年、一三一~一五二ページ)参照。
(25) シャーンタラクシタ(七三〇~七九〇ごろ)以降の後期中観派における「方便」重視は、

『大日経』冒頭の「(前略)方便を究竟となす」の説を受けているのであろう。また『華厳経』の説く「十ハラミツ」はその第七に「方便ハラミツ」を掲げる。しかし「方便」は、日常語でいえば「手段・方法」であり、そのサンスクリット語のウパーヤ(upāya)は upa-aya(語根は「行く」の意)で「近くに行くこと」「近づくこと」にとどまる。手段や方法をそのまま究極化して目的そのものと混同し同一視してしまうというありかたは、日常生活にたえず見られるけれども、これと同じありかたが密教においてもまた後期中観派においても顕在化し、むしろ高揚されて、それがたとえば、ダラニ(dhāraṇī)やマントラ(mantra 真言)やマンダラ(maṇḍala)という、一種呪術的なものの神聖視につながり、人々を神秘性に誘い包みこんだうえに、諸儀礼(密儀)へと展開して行くのであろうか。なお拙稿「龍樹の方便思想」(上掲の『龍樹・親鸞ノート』に転載)は「方便」を四つの型に分離して論じた。

(26) これらに関する詳細は、山口瑞鳳「インド仏教における『方便』」(『東方』第三号、東方学院、一九八七年、五二〜六九ページ)および同『チベット』下(東京大学出版会、一九八八年、第四章「チベットの宗教」)参照。

(27) インドで生まれた経や論がごく少数の大乗経典(とくにヴィマラキールティ＝維摩詰の『維摩経』と勝鬘夫人の『勝鬘経』など)の特筆すべき例外を除くならば、すべて出家僧の手に成ったことは、あらためていうまでもなく明白な事実であり、在家信者に関しては、そのなかの一部の経や論に触れられるのみ、ほとんど多くは碑文などに残るにすぎない。在家信者はどれほど奮闘しても、幾多の出家僧とサンガとを援助し刺激して、かれらの活力を導き出しないしは支え仕えるにとどまり、インドには（現在の南方仏教にも）、在家仏教は構成され得なかった。

ただし、付言を加えると、出家僧は元来すべて在家に生まれ育ち少年期以降の出家（沙弥、比丘）なのであり、いいかえれば、出家者は不婬戒を堅持して家もなく子もあり得ない。それはインドから全仏教圏に共通し、どんな地域・時代にも一貫する。そのなかで或る時期後の日本仏教のみが例外として今日にいたっており、いわば混然たる「僧俗一統」の形態をとるとも見なされよう。なお或る期間・地域には、出家僧（男性）から独立して、出家尼（女性）の活躍するケースももちろん考慮される。

第四章　ブッダと諸仏

まえがき

周知のことがらを初めに列挙しよう。

ブッダとは覚者（覚《さと》ったもの）であり、この呼称は仏教やジャイナ教はもとより、ウパニシャッドや叙事詩などに現われる聖者たちにも共有された。やがて仏教の発展に伴い、ブッダの語の使用は仏教のみに限定され、それがインド全体に普遍化すると、仏教徒はバウッダと、また仏教教理はバウッダ・ダルシャナ〔ときにバウッダ・ダルマ〕と通称される。または、ヒンドゥーイズムの主神の一つであるヴィシュヌ神の数ある化身《アヴァターラ》に見えるブッダは、まさしく仏教のブッダ（しいていえばその残像）にほかならない。

以上のブッダは、ほぼすべて歴史に実在したゴータマ（ガウタマ）・ブッダに結びついている。さらに大乗仏教においても、あまたの仏〔ブッダ〕が出現した。弥勒仏、阿閦仏、阿弥陀仏、毘盧舎那仏、薬師如来、大日如来などの理想《イデアール》の結晶が登場するほか、幾多の大乗経典の作者である無名の諸仏が輩出する。なお、理想《イデアール》のいわば一つ手前の理念《イデー》的な仏として、大乗の諸仏に先だって、初期仏教の過去七仏がある、など。

本稿は以上の記述に含まれるつぎの二つの問題、すなわち、

(1)三宝はなぜ仏宝に始まるのか

(2)大乗諸仏の出現

に関して、問題点を提起しつつ、私見を述べる。なお、ブッダの語はゴータマ（ガウタマ）・ブッダに限定して用い、大乗仏教の場面では仏という漢字によるという区分は、従来からの私の慣用にしたがう。

一　仏宝と法宝、ブッダとダンマ

第一のテーマは、世にいう三宝にある。いうまでもなく、三宝帰依は、現在の南伝・北伝の東アジアの仏教圏を初めとして世界各地に拡がる全仏教徒にひとしく共通し、しかも不可欠の必要条件をなす。そして三宝が仏・法・僧の三宝であることも、言を俟たぬ。

三宝はしかし最初期には「仏と法」の二宝であり、「僧」が加わるのはやや遅れる。そ

れに関しては、中村元「三宝――全仏教の基本」[1]が簡潔に述べる。いま、その「仏と法とに帰依する」という、いわば二宝帰依の用例のうち、韻文（Gāthā）のみをつぎに列挙してみよう（右の中村論文の註1によりさらに補充する）。

Snp. 180：namassamāno sambuddhaṃ dhammassa ca sudhammataṃ〔中村元訳「覚った人を、また真理のすぐれた所以を礼拝しつつ」〕

Snp. 192：右と同文。

DN. vol. II, p. 208：p. 211（2回）：p. 227（2回）：tathāgataṃ namassantā dhammassa ca sudhammataṃ〔「如来を、また法のすぐれた所以を礼拝しつつ」〕

SN. vol. I, p. 30：buddhaṃ ca dhammaṃ ca namassamānā〔「ブッダと法とを礼拝しつつ」〕

Therag. 201：aho buddhā aho dhammā〔中村訳「ああ、もろもろのさとった者（ブッダ）よ、ああ、もろもろの真理の教えよ」〕

つぎに、三宝帰依の用例のなかの韻文のみを列挙する。

Therig. 53：buddhaṃ dhammañ ca saṅghañ ca upemi saraṇaṃ muniṃ〔中村訳「わたしは、聖者ブッダと、真理の教えと、修行者の集いに帰依します」〕

Therig. 132：右と同文。

Therīg. 286：saddhā buddhe ca dhamme ca saṅghe ca tibbagāravā〔中村訳「そなたは、ブッダと真理の教えとにたいして信仰があり、修行者の集いにたいして熱烈な尊敬心をもっている」〕

SN. vol. I, p. 102：buddhe dhamme ca saṅghe ca/ dhīro saddhaṃ nivesaye〔中村訳「賢明な人は、ブッダと法と集いに対する信仰を安住させよ」〕

Therag. 178：satthā ca pariciṇṇo me/ dhammo saṅgho ca pūjito〔中村訳「わたしは師に仕えて来た。教えと集い（サンガ）とを尊敬した」。中村博士は、この詩が「三宝の成立過程について教えてくれる」と、コメントされている[2]」〕

Therag. 589：buddhesu sagāravatā dhamme apaciti yathābhūtaṃ/ saṃghe ca cittikāro〔中村訳「真理にめざめた人々（ブッダたち）を尊敬すること、真理（ダンマ）をあるがままに尊重すること、つどい（サンガ）を尊ぶこと」〕

Therag. 382：buddhaṃ appameyyaṃ anussara〔中村訳「無量なるブッダを想い起こせ」〕。383：dhammaṃ appameyyaṃ anussara〔中村訳「無量なる教えを想い起こせ」〕。384：saṅghaṃ appameyyaṃ anussara〔中村訳「無量なる集いを想い起こせ」〕

以上のすべての詩はいずれも、まず最初にブッダ（例外として同義のサンブッダとタターガタとが二例ずつ）があり、つぎにダンマがくる〔これが二宝帰依〕、そして最後にサンガが加わる〔これが三宝帰依〕という順序は、つねに一定していて、決して動くことはない。（なお、右の用例は、現在普遍化しているいわゆる三帰依文[3]と文章がいずれも異なり、後者の初出などに関する諸問題についてはここには省く[4]）。

そこで、私の疑問は、二宝であっても三宝であっても、何が故にブッダが最初にあり、ダンマは第二であるか、そしてこの順はつねに不動であるのかに向けられる。

この論文の冒頭に記したとおり、ブッダとは覚者であるが、覚者であるとはダンマを覚ったものという意であり、それならば、ダンマはすでに存在していて、ブッダとはブッダ以前からとうに存在していたダンマを覚ったにほかならない。したがって、少なくとも時間的な見地からすれば、ダンマが先であり、ブッダは後でなければならぬ。

さらには、きわめて頻繁に引用されるつぎの散文が、サンスクリット本『因縁相応の二十五経』の「一四、縁」[5]、『雑阿含経』二九六「因縁法」[6]、パーリ『相応部』「一二、因縁相応」の「二〇、縁」[7]にある。これら三つの文は、語の前後などの一部を除いて、内容はほぼ完全に一致するので、「論理の一貫性という面」[8]において最も明確なサンスクリット文からの邦訳を記す。

①比丘たちよ、私は縁起と縁生の諸法とを示そう。〔汝たちは〕それを聞き、充分に

適切に思念せよ。私は語ろう。

②縁起とは何か。すなわち、これがあるとき、かれがある。これが生ずるとき、かれが生ずる。すなわち、無明に縁《よ》って諸行、ないし集がある。

③無明に縁って諸行とは、如来たちが生じても生じなくても、実にこのことわりは定まり、法の定まりとしての法そのもの（dharmatā dharmasthitaye）である。

如来はそれをみずから通達し覚って、述べ、告げ、設立し、分別し、解明し、明らかにし、示し、明示する。すなわち、無明に縁って諸行。

④ないし。

⑤生に縁って老死とは、如来たちが生じても生じなくても、実にこのことわりは定まり、法の定まりとしての法そのものである。

如来はそれをみずから通達し覚って、述べ、告げ、設立し、分別し、解明し、明らかにし、示し、明示する。すなわち、生に縁って老死（⑥以下は略す）。

このサンスクリット文、漢訳、パーリ文の三本を全訳して縁起説を論ずる詳細な研究は、拙稿「初期仏教の縁起説をめぐって」[9]にある。

いま、この文において、ブッダに焦点を当てつつ考察して行く。「仏」の語は漢訳のみに一度だけ現われて、そのほかは（サンスクリット、漢訳、パーリを含めて）すべてターーガタ（如来）を用いている。右の文をごく簡潔に要約すれば、「縁起〔の法〕は、如来たちの生と不生とにかかわらず定まっており、それを如来が覚り、説いた」となろう。

右の文ならびに要約した文のなかの「如来たち」（複数）とは当時の真理体得者たちと、そしてあとに見える「如来」（単数）とはブッダ（ゴータマ・ブッダ）と解するのが、最も妥当な解釈と考えられる。

このほかにも、これに類する資料はパーリ五部・漢訳四阿含などにいくつか見いだされようが、ここに問題とするところは、「先にダンマ（ダルマ）が存在しており、ブッダはそれを覚った」というテーゼが、なんら疑問の余地なく明記されているということに尽きる。

そのように、ダンマが先、ブッダが後であるならば、当然のことながら、三宝（三宝）は、ダンマ（法宝）が第一、ブッダ（仏宝）は第二となるべきことが、理論的に最もふさわしいと考えられよう。それにもかかわらず、なぜ、ブッダを第一、ダンマを第二とする三宝（三宝）が、頑として不動なのであろうか。

二　名称をめぐるアナロジィ（類比）

ここで歴史上に有名な二つの史実を、一種のエピソードとして挿んだうえで、考察を進行させたい。

十五世紀末のヨーロッパの二大強国スペインとポルトガルとは、はるか遠くに位置しきわめて貴重な香辛料を産出する豊かな夢の国インドに対して、限りない憧憬と野望との止みがたいものがあり、その情熱の噴出は、大西洋の沖の一線[10]からスペインは西へ、ポルトガルは東への船路を開いて、ついには、有名なコロンブスが大西洋横断の難航路に挑み成功した。ごく簡略に記せば、コロンブスの第一回航海は、一四九二年十月十二日、バハマ諸島の島（現在のワットリングス）に到着、またイタリア商人のカボートは現在の北アメリカのケープ・プレトン島に到着する。以後、スペイン船はつぎつぎと現在の北アメリカ・中央アメリカおよびその海域の諸島に渡る。かれらはあくまでその場所をインドと思いこんでいたところから、現在のカリブ海周辺の諸島をインド諸島と、そしてその地域一帯の先住民をインド人（インディオ）と命名した。〔なおアメリカの地名は、フィレンツェ生まれのアメリゴ・ヴェスプッチ Amerigo Vespucci の渡航（一四九七〜九九年）に因むとされている。他方、ヴァスコ・ダ・ガマのポルトガル船はアフリカをめぐる沿岸航路を経て、一四九八年にインド西海岸のゴアに到達した〕。

いったんこうして名称が決定されてしまうと、その後の変更は至難をきわめる。インド諸島だけはその後にようやく西インド諸島と、ごく一部だけ改名された（それでもなおインドの地名は余波として残る）とはいえ、インディオ、インディアンすなわちインド人の呼称は不動のまま、現在・将来も変わらない。〔南北アメリカ・中央アメリカおよびその付近の島々も先住民も、それぞれの呼称が存在したにちがいないが、わずかにインカなどの例外を除けば、一般にはまったく知られていない〕。

現在のアメリカとその中部の東に広がる諸島ならびにその先住民は、明らかに、コロンブス以下のスペイン人ないしヨーロッパ人が到着するより以前に、とうの昔から存在し生活していた。それでもなお、それらおよびかれらは、インドの名称から解放されることがない。このことはまさしく、時間的な先―後という順序とは、いっさい関係しない。

この史実をここにとりあえず「第一のアナロジィ（類比）」と呼んでおこう。

三　キリスト教成立のアナロジィ（類比）

もう一つ、キリスト教の誕生・成立について簡潔に述べる。

まず『新約聖書』の「マルコによる福音書」（以下たんに「マルコ」と略す。他の「マタイ」「ルカ」もこれに倣う）八・二七〜三〇に、つぎの記事がある（日本聖書協会本から引用する）。

イエスは弟子たちとピリポ・カイザリヤの村々へ出かけられたが、その途中で、弟子たちに尋ねて言われた、「人々は、わたしをだれと言っているか」。彼らは答えて言った、「バプテスマのヨハネだ、と言っています。また、エリヤだと言い、また、預言者のひとりだと言っている者もあります」。そこでイエスは彼らに尋ねられた、「それでは、あなたがたはわたしをだれと言うか」。ペテロが答えて言った、「あなたこそキリストです」。するとイエスは、自分のことをだれにも言ってはいけないと、彼らを戒められた。

「マタイ」一六・一三〜二〇（とくにその二〇は「そのとき、イエスは、自分がキリストであることをだれにも言ってはいけないと、弟子たちを戒められた」とある）にも、「ルカ」九・

一八〜二一にも、ほぼ同文がある。

これによれば、イエスは自分をキリストと呼ぶことを弟子たちに戒めており、また、イエスがみずからをキリストと称する例は、『新約聖書』冒頭の「マタイ」「マルコ」「ルカ」の共観福音書のいずれにもない。

イエス・キリストの語が見えるのは、「マタイ」と「マルコ」とのそれぞれの頭書の導入部分（これはいうまでもなく付加されたもの）を除けば、周知のとおり、四福音書のあとにつづく「使徒行伝（使徒の宣教）」（二・三八ほか）、そのつぎの「パウロの書簡」（「ローマ人への手紙」の冒頭は「キリスト・イエス」、そのすぐあとに「イエス・キリスト」）であり、換言すれば、現実のキリスト教の誕生は、ペテロたち使徒や、回心を経たパウロによっている。

同時にまた、イエスの生前に、すなわち、イエスが説法を行なって宣教《ケリュグマ》をつづけ、福音書にいう種々の奇蹟を果したのちに、十字架上に殺され、その三日目に復活するというかなり長いプロセスのずっと以前に（「マルコ」では八から一四までと、その途中に多くのことがらが経過している、「マタイ」「ルカ」も同じ）、すでに、イエスをキリスト＝メシア＝救世主と信じて、そのように呼ぼうとした人（ペテロ）が実在してはいた。〔ただしイエスがユダヤ教の群衆に捕われたときに、弟子たちはみな逃亡し、またイエスに死刑の判決の下ったときには、遠くからイエスを見守っていたあのペテロでさえも、群衆に「わたしはイエスを知らない」と誓っている」。しかしながら、イエスは終始みずからを「人の子」と呼び、みずからの信ずる神の福音を宣教したにすぎない。

いずれにしても、イエスがキリスト教の創始者ではなく、イエスの死後において、いったんは逃亡し、あるいは裏切った使徒たちに、復活したイエスがたびたび現われては語りかけるのを聞いたときに、かれらはあのイエスはキリストであったと確信し、さらに五旬節の日を迎えて、エルサレムに集まった大勢の人々、しかもパルティア、メディア、エラム、メソポタミア、ユダヤ、カッパドキア、ポントス、アジア、フリギア、パンフィリア、エジプト、キレネに近いリビア、クレタから集まった人々に、イエスはキリストにほかならないとの信仰が結晶したところに、キリスト教は初めて誕生した。そして現実に成立すると、その日に直ちに三千人ほどの信者が加わって、キリスト教は発足する。

以上の概略のように、キリスト教の誕生と発足とに先だって、イエスはすでに死んでおり、少なくともナザレのイエスその人はこの地上には存在していない。明らかに、時間的にはイエスが先、キリスト教は後であって、この順序は決して動かず、動かしようがない。

しかもなお、イエスという特定の個人を抜きにしては、キリスト教が成立し得ないことも、また同時にどうしても認めなければならぬ。イエスの復活（のち昇天）を信じ、イエスをキリストと信じ、イエスこそ「神の子」「聖霊」と信ずることによって初めて、キリスト教は誕生し成立した。原始キリスト教徒が一様に「イエス・キリスト」と呼んでいるのは、右の事情から当然すぎるほど当然であり、その伝統は牢固として守られ、現在にいたり、将来もつづく。

以上をここに「第二のアナロジィ（類比）」としよう。

四　ダンマに先行するブッダ

ブッダがダンマを覚って成道を果たしたのは、ブッダガヤーの菩提樹のもとといわれる。この時点では明らかに、ダンマが先にあり、ブッダは後にある。しかしながら、そこでは、先なるダンマと後のブッダとがそのようにあったとしても、それはあくまでブッダ個人の内面に潜んでいるにすぎない。しかもなお、このことが終始変わらずつねにブッダ個人の裡にあって、先に記した「如来〔たち〕の生・不生にかかわらず云々」の句にも反映しているのであろう。

それにもかかわらず、仏教（バウッダ・ダルシャナまたはブッダ・サーサナ）がこの地上に誕生し存在し成立するためには、ブッダはみずから覚ったダンマを地上の人々に伝え、語り、示し、説くということが実現しなければならぬ。地上の人々もしくは他者に知られ、かれ〔ら〕がそれを認め、受け入れて初めて、仏教はこの地上に誕生する。

ほぼすべての資料・文献は、最初の説法に赴く途中にウパカに対する「一切知者、無師独悟」という一種のブッダの独りごとを混じえたのち、サールナートの鹿の園に住む五人の苦行者の群れを記す。ダンマは先にすでにブッダの裡に確固としてあるとはいえ、この五人が最初に眺めたものは、近づいてくるブッダその人であった。五人からすれば、至難の苦行からかつて逃走したゴータマは、いまやブッダとして立ち現われる。そのブッダに直接触れるや、五人はそれまでの蔑視の態度を一変して、恭しくブッダを迎え、ブッダの口からダンマを聞き、やがてそれぞれに法眼を開いて受戒する。世にいう初転法輪であり、ここに初めて、仏教はこの地上に誕生した。したがって、ここでは、ブッダという個人が先であり、ダンマは後であり、しかもそのダンマが、凝縮していえばブッダ・ダンマ（仏教）であることは、疑う余地がまったくない。

しかもこのダンマは、ブッダという特定の個人のいわば人格そのものに裏づけられており、そのブッダ個人を除いては、このダンマそのものは出現し得なかった。すでに存在していたはずのダンマの自己開陳では決してなかった。このダンマはブッダという個人――人格を通してこそ、ダンマであり得た、ダンマとなり得た、といっても過言ではない。

このように、ブッダ個人にとってはダンマは既存のものであり、時間的に先であったとしても、五人の苦行者（出家修行者）においては、ブッダという人格が先にあり、そのあとにダンマが現前して、五人は最初の仏弟子となり、ここに地上に初めて仏教が誕生し成立し発足を迎えた、ということができる。

上述の「第一のアナロジィ」を援用すれば、すでに長い歴史を刻んで生活していたアメリカの先住民がなんといおうと、かれらがいうまでもなく時間的に先であるにもかかわらず、後からいわば突如登場して、人類（この場合はヨーロッパ人）一般にその存在を知らせたコロンブス以下のスペイン系の人々により、かれらはインド人（インディオ、インディアン）と命名されて、以後は変更されないで今日にいたる。

また、上述の「第二のアナロジィ」にしたがえば、イエスの意図とのかかわりが〔少なくとも非キリスト教徒には〕証明され得ないままに、先に存在したイエスは、その死後にキリストとされて、キリスト教は誕生し、ナザレの「人の子」のイエスは、「神の子」イエス・キリストに転換し、しかもそれにはイエスの人格―人格に親しく触れた人々（使徒たち）の力があずかって大きい。

ブッダの場合は、ブッダ個人が覚者《ブッダ》であることを自覚し、しかも他者に宣告し、明示して、ブッダ・ダンマ（仏教）を説いた。しかもそのブッダの説法は以後四十五年間も継続され、ブッダなくしては、そのダンマそのものが地上にもたらされ知られることは、まったくあり得なかった。

しかも右にも述べたとおり、ブッダ自身の人格ともいうべきものが、上述の経過により誕生し成立した仏教においては最も大きく、しかも多くの覚者《ブッダ》〔如来《タターガタ》〕たちから格別に傑出して、至高・唯一のオーソリティとされた。

そうである以上、いわゆる初転法輪以後の仏教徒においては、もしくは仏教そのものにあっては、かならずブッダを第一に置き、つねにそのブッダから示されたダンマを第二にすることは、あまりにも当然というべきであろう。こうして、二宝のち三宝への帰依においては、ブッダがトップにあり、そのあとにダンマが据えられ、第三にそれらを守り伝えるサンガを立てるというのは、たんに感性的ないし情緒的な面ばかりではなく、理性的ないし合理的に考察しても、まさしくぴったりと当を得ている。〔多くの文献によれば、ブッダは受戒した五人を同視して「六人の聖者（アラカン）」と呼び、この「六人の群れ」からサンガは始まる〕。

なお、ブッダの入滅後、すなわちブッダが地上に存在しなくなって以後に、ブッダ〔仏宝〕への帰依はいかに推移するかというテーマがあり、それに関しては別の機会に発表を予定している（その拙稿は本書「第三章」に転載）。

五　大乗諸仏の出現

一九八七年三月に中村元博士との共著『バウッダ・佛教』を刊行したさい、私の最も苦心したのは、大乗経典成立のプロセスをいかに論述するかにあった。同書は硬質の内容にもかかわらず、幸いかなりの反響を呼んだけれども、それらのほぼ大半は、残念ながら、最初の「阿含経典」のほうに集中して、「大乗仏典」に関していえば、大乗経典はたんにブッダ＝釈尊の「金口の説法」でないこと、すなわち私のいう「大乗非釈迦仏説」だけが浮き彫りされるのみであり、私の意図した箇所に世間の関心が向けられる例はごく少数にすぎなかった（この点に関してはむしろ仏教学に携わる学者・研究者からの批判を切に期待している）。

そうしたなかで、やや専門的な人々からの数通の書簡や、たまたまお会いした方々のうちには、極言すれば、大乗経典はたんなるファンタジィの作品ではないかという類いのものがあり、しかもそれはかなり執拗であった。

従来、大乗経典の作者について論じた研究はきわめて少なく、特定の大乗経典に関しては数種の論文や著書が知られているとはいえ、大乗経典一般ということになると、私の知るかぎりでは、故上田義文博士の「大乗仏教成立論に関する疑問」[11]のただ一篇しかない。できれば同論文を参照されたいが、すでに稀覯《きこう》本に属して長い。私はしばしばこれを引用しており、[12]以下にその主意を敷衍《ふえん》して記す。

私は同論文に記された上田説に全面的に賛成し、大乗経典を含めてあらゆる経典（世に「経」と称されるもの）は、すべて仏説であり、ないしはより厳密にいえば仏説を内容として含んでおり、もちろん大乗経典の作者は、その名は知られぬものの、仏そのものにほかならない、と考える。すなわち、これらの作者は、みずから仏と成り、覚者であり、その覚＝正覚の内容が大乗経典に説かれているのであって、ここに、ゴータマ・ブッダ＝釈尊＝釈迦仏のほかに、仏が、すなわちブッダ以外の仏が、しかも少なからざる諸仏がこの地上に現実に出現したことを、あまたの大乗経典の実在そのものから遡原しつつ、史実として認めなければならぬ、と私も考えている。

これら無名の諸仏は、文字どおり無名であり、その実像はいっさい測り知ることもできない。もちろんゴータマ・ブッダのように、その生涯の概要を知ることなど、到底不可能といえる。インド[13]のどこに、いつ、どのように存在し活躍したかなどは、まったく判らない。判らないけれども、おそらくは、一方に大乗仏教運動（これは私がしばしば論じている用語であり、まだ「大乗」という名も実も完成していない）のただならぬ昂揚があり、他方に釈迦仏以来の伝統を保守する部派仏教の確固たる潮流があって、その両者に満ち溢れているものを受容しながら、ひたすら正覚をめざし、しかも或る意味でオリジナリティに富む独自の正覚を達成して、大乗の仏は出現し、大乗経典は創作された。こうして、これら大乗諸仏の登場と大乗諸経典の出現とにより、仏教はいっそう広大となり、甚深となり、切実となり、民衆に至近となって、仏教圏は東アジアのとくに北方にまで普及し、その地の厖大な民衆に受容されることによって、いわゆる世界宗教への途を拡大し強化した、と考えられる。

大乗経典は、決して空想でもなく、上田博士が強調されるように、たんなる信仰でもない。正覚者＝仏がおよそ紀元前後から数百年にわたって、インド[14]のいずれかの地に出現し、かれらによってのみ、大乗仏教の諸経典が成立したのであることは、私にとって、疑いを挿む余地すらもない、といってよい。

なお、付言を二つ加えよう。第一は、右に縷説した大乗経典の創作には、経の核となる箇所[15]の創出だけではなくて、それを増広[16]し、あるいはまた凝縮して抽出[17]し、さらには現在伝えられる形に編集ないし統合[18]し、そしてまた同名でも別種につくり変える[19]などのいっさいを含む。

第二には、これまでに論究した二つのテーマを統合して考察を進めて行けば、第一のテーマにおいて扱った三宝帰依（とくに「仏宝」）は、第二のテーマの大乗諸仏（および大乗の諸経典）を迎えて、当然のことながら、その内容に大きな変化が生じてくるはずであり、それをいかに考えるかという問いに答えなくてはならない。

こうして右の「四」の末尾に記したテーマもあり、どうしても複雑に絡み合い錯綜しがちなこの難問に直面して忌避することもできない。とりあえず、それに対する解答の諸パターンを簡略化するために、以下、現代の仏教徒にのみ限定して、その一端の考究を試みよう。

三宝帰依は、今日はいわゆる三帰依文に結晶している。南方アジアの仏教徒は、その母国語のいかんを問わずパーリ語で、あるいはインドを含む諸外国の各地の仏教徒は、おそらくサンスクリット語で、それぞれが三帰依文の冒頭にブッダ（Buddha）と唱えるさいは、本論の最初に掲げたゴータマ（ガウタマ）・ブッダ＝釈尊を指しており、以下のダンマ（ダルマ）もサンガも、それほど大きな変更ないし齟齬が生ずることはないであろう。

しかしながら、現在の日本を含む北伝の大乗仏教圏の仏教徒たちの唱える「仏」は、かならずしも釈迦仏であるとは限らず、むしろそれは少数である確率がかなり高い。その「仏」は、あるいは阿弥陀仏であり、毘盧舎那仏であり、薬師如来であり、大日如来であり、そのほかの名のある大乗諸仏のいずれかであり、ときには本稿の第二にあげた大乗の無名の仏であり、さらには、（仏教学からいえば誤解としかいいようがないけれども）未だ仏には到達していない菩薩、たとえば観音菩薩や地蔵菩薩その他でもあり得るし、（または明王、天、神将、阿羅漢など）、そして宗派仏教の固定化している日本ではそれぞれの宗祖と見られることも推定され、むしろそれらのいずれかの可能性はきわめて大きい。それに応じて、必然的に「法」も「僧」も、南伝とはかなりの相異が生じよう。

そのうえ、仏教学とはかかわりをもたない仏教徒、とくに在家の善男善女の信徒たちが、とりわけ日本には大半を占める（現在の韓国や台湾などもほぼ同じ）。かれらにしてみれば、口に唱える「仏」とは、たとえば亡くなった肉親であったり、死んだ近親者や先祖であったり、さらには死者（特定の、あるいは一般の）またはその遺体をさしていたりなどの例が、すなわち「仏＝ほとけ」ということが[20]、あるいは多数に達するのではないか。

そしてそのような推定が可能であるならば、「南無帰依仏」といい「自ら仏《ぶつ》に帰依したてまつる」と唱えるその「仏」は、しばしば右に記したような「ほとけ」であり、すなわち寺院の墓石や仏壇の位牌に刻まれた「ほとけ」であり、または葬いの対象の「ほとけ」であって、これはもはや釈迦仏とも大乗の諸仏ともまったく異なっている。

したがって、「法」もインド伝来の仏法とはいささか離れるのみならず、また「僧」がサンガ（僧伽）の略であるとの知識は伝聞されなくて、ときには寺院の僧職（お坊さま）

をこころに描いているかもしれぬ。

以上に述べたところを統括すれば、つぎの結論が得られる。確かに、三宝帰依とその表現である三帰依文とは、世界各地に拡がる全仏教徒に共通するおそらく唯一の標識でありメッセージであり、そのことはほぼ確定してよい。しかしながら、その仏〔宝〕といい、法〔宝〕といい、僧〔宝〕といい、それぞれの内容・意義は、それを掲げかつ唱える仏教徒ごとに、かなりの変容があり、あるいは異質でさえある。そのことは、ちょうど、唯一神を信ずる全世界のキリスト教徒たちの抱いている「神」が、そのひとりひとりにはしばしば「田毎《たごと》の月」になぞらえられるのに類似し、もしくはそれ以上に大きな相異を、仏教徒は各自に描きながら、あの三帰依文に声を揃え合わせているというのが、最も正しい、といい得るであろう。

註

(1) 中村元・三枝充悳『バウッダ・佛教』(小学館、一九八七年。一九九六年以降は文庫版の「小学館ライブラリー」)第一部、著作集第三巻所収。

(2) 同書、二一六ページ註2参照。右の文庫版は三八ページ註2。

（3） 同書、三三三〜三三七ページ。文庫版は四五五〜四五九ページ、著作集第三巻、三一七〜三二二ページ。

（4） 本文にあげた用例を見ると、三宝帰依のケースでは、ナマス（namas）で占められ、三宝帰依のなかに一度だけサラナ（saraṇaṃ）が見えており、現行の三帰依文中のサラナに共通する。なおナマス―ナモは、パーリ五部のすべての冒頭に掲げられる“Namo tassa bhagavato arahato sammāsambuddhassa”「かの世尊・阿羅漢（聖者）・等正覚者（正しいさとりの完成者）に礼拝」に連絡しよう。

（5） Chandrabhāl Tripāṭhī, *Fünfundzwanzig Sūtras des Nidānasaṃyukta*, Sanskrittexte aus den Turfankunden VIII, Akademie-Verlag Berlin 1962, S. 147–S. 152.

（6） 大正蔵、二巻、八四中。

（7） *SN*. vol. II, pp. 25 f.

（8） 拙稿「初期仏教の縁起説をめぐって」九九ページ。

（9） 『理想』一九八〇年四月号、九三〜一〇五ページ。

（10） ポルトガル王ジョアン二世とスペイン王フェルナンド五世とは、教皇アレクサンデル六世が一四九三（別説一四八三）年五月六日に設定した大西洋上の境界線に添って、一四九四年にトルデシラス条約を締結し、東西を分かち合った。

（11） この論文は『福井博士頌寿記念・東洋文化論集』所収。早稲田大学出版部、一九六九年。

（12） 拙著『般若経の真理』春秋社、一九七一年、三八〜三九ページ。同『仏教と西洋思想』春秋社、一九八三年、三三四ページ。前者は上田論文を多く引用したその一部は、著作集第四巻に所収。

(13) あるいはインドだけではないかもしれない。

(14) 右に同じ。

(15) たとえば道行般若経の道行品。

(16) たとえば道行品から道行般若経へ、八千頌(小品)般若経へ、二万五千頌(大品)般若経へ、さらに十万頌へ。これらの経緯に関して拙稿「般若経の成立史覚書」(『東洋学術研究』第23巻第1号、一九八四年五月)などに詳述した。

(17) たとえば般若心経。

(18) たとえば大般若経、また六十華厳経、八十華厳経。あるいは法華経など。

(19) たとえば玄奘訳の般若理趣分(大般若経の第五七八巻)に対して、不空訳の理趣経(正しくは大楽金剛不空真実三摩耶経)ほか。

(20) ブッダ→仏(仏陀)のほかに、古くはブッダ→浮図などがあり、それが「ほとけ」の邦語を生んだのであろうことは、拙著のほか、多くの人々が論じている。たとえば上掲(註1)の中村論文「三宝」中の「仏」の項を参照。

Ⅱ　初期仏教聖典について

第五章　「三蔵」「九分経・十二分経」について

まえがき

初期仏教の聖典すなわち諸文献資料は、その根幹となるテクスト類を総括して「三蔵」と呼ばれる。

この章は、その「三蔵」について、また「三蔵」の内容をなす三種〔漢訳では経・律・論の三蔵、パーリ語では律・経・論の三蔵〕の各々の蔵に関して、そして経ないし教の総括とその区分に関する初期仏教以来の課題である「九分経・十二分経」について、すでに〔一部の〕専門の研究者には知られているであろう学説ないし解説を、あらためて、もしくはやや別の角度から再確認し、あわせてそれらに対する私自身の見解を述べ、「仏滅年代論」にも触れる。

もともとの趣旨は、パーリ文『律蔵』[1]の「マハーヴァッガ」〔大品《だいぼん》〕冒頭に置かれる、世にいう「仏伝」の箇所についての研究にあった（それはこの文につづく別稿に記す、本書の「第八章」に掲載）。しかしそれにいたるまでの一種の回路に類した文章が、この章のほぼ全体を占めることになった。その意味ではこの稿はいわゆる文献学的な研究論文ではあるけれども、論述の簡略化も短絡も多少は含む。

なお私見を付記すれば、仏教〔本稿では初期仏教〕の諸資料は、他の諸文献の場合にもしばしば見られるように、とりわけ現存する最少《ミニマム》の単位としての経〔と律〕を考えると、おおむね以下のプロセスを踏んで、今日にいたる。(2)

①その経〔と律と〕の中心となる核ないし一貫するモティーフが最初に立てられる。その核ないしモティーフは、釈尊の説法すなわち仏説であるとして伝承され、その間に、それぞれのテーマにもとづいて或る単位にまとめられる。それに補充的な多少の他の語と句と文とが加わって、まず原型が成立する。

②それらの原型が伝承される間に、かなり早い段階で、いくらか（その割合は不明）は詩型をとる。また伝承の間にしばしば増広や付加などが、とくにその散文において施される。

③そのようにして伝承した経〔と律〕はさらに編集されて或るまとまりのもとに一つの経〔と律〕に集約され、後代に受けつがれて行く。そしてそれらはインド仏教史上に成立

した諸部派により、その部派に特定の観点から、再度かなり精密に整備され固定されて、現代にいたるテクストが完成した。

④それらの諸テクストは以後長くすべて暗記により伝承される。その暗誦は確固として不変不動で守られる。それらは、今日まで全文暗誦がつづいているヴェーダ聖典にも劣らないと見られる。〔漢訳のさいそのテクスト全体が口誦にもとづく例もある〕。

⑤紀元前一世紀（パーリ所伝）ないし後二世紀（中国所伝）ごろには諸テクストの書写が始められた。ただしそのマヌスクリプトは石刻を除いて伝承不明が少なくない。

⑥年代を経ても、仏教のつづくかぎり、書写の文はさらに書写を重ね、他方、暗記は訓練によりほぼ遺漏なく伝承されることを期した。

なお、初期仏教の資料論の場合、経蔵については、当初マガダ語（ないし古マガダ語）による編集の様態が論議され、今日の学界ではマガダ語経蔵が公認されている。ただし律蔵に関しては、マガダ語云々はほとんど論及されない。なおマガダ語聖典はパーリ語ないしサンスクリット語などに移されて伝承され、マガダ語のみのテクストは実在していない。

以上の大要をふまえて、本論に入り、各項ごと一つ以上の問題点をとりあげて、卑見を論述する。また、釈尊の年代論〔もしくは仏滅年代論〕に関連する私見を末尾に付記する。

一

最初に「三蔵」という術語を検討する。

「三蔵」が、サンスクリット語の「トゥリ・ピタカ」(tri-piṭaka パーリ語の「ティ・ピタカ」ti-piṭaka)の訳語であることは、よく知られている。

「三蔵」と漢訳したところに、すでに漢民族にとっては仏教が本来は異教であるとの認識があったのかもしれぬ。「蔵」の語を付すテクストは、ほかに道教文献にも見られるが、古くから正統視された儒教関係ではかつて用いられなかったのではないか。

「蔵」と訳された「ピタカ」は籠、かご、バスケット、またコレクションを意味する。[3]したがって、何種類かのモノ〔この場合はテクスト〕が「ピタカ＝蔵」に収められているとの広い了解が推定されよう。

「三蔵」は三種の籠をいい、その第三番目は「論蔵」と漢訳され、それに相当する原語はアビダルマ・ピタカ〔アビダンマ・ピタカ〕という。これによると、アビダルマ〔アビダンマ〕は「論」に対応するところから、右に記した了解によれば、数種以上の「論」を蒐集して一つの籠に収めてはじめて、論蔵が成立している、といい得る。

実際に初期仏教の資料としては、漢訳文献では『阿毘達磨《あびだつま》集異門足論《しゅういもんそくろん》』から『阿毘達磨発智《ほっち》論』にいたるいわゆる「六足発智」の計七種が、またパーリ文には漢訳とは全然別種の『ダンマサンガニ』（法集論）を含む七論（『南伝大蔵経』の第四十五巻〜第五十六巻にすべて邦訳がある）が「論蔵」の内容とされる。

これら漢訳の七論は説一切有部《うぶ》（「有部」と略す、Sarvāsti-vādin）の所属であり、パーリ七論は上座部（Sthavira-）—分別説部（Vibhajja-）—長老部（Thera-vādin）（このパーリ系三部をまとめて、以下は「上座部」「上座仏教」とする）の伝えるところであって、同時にこれら二つの部派では、「論蔵」もまた「仏説」である、と形式的には認定されている。

ただしこの認定は、正確には、パーリ文のみに限られる。その結果、七論以外の多数のパーリ文による論書（なかでも多くの経の註釈書＝アッタカター類がよく知られる）は、「蔵外」として扱われる。他方、漢訳の七論は、著作者に仏弟子（舎利子など）ないし有部の大学者（迦多衍尼子など）の名を掲げる。

右のパーリ「論蔵」の七種の成立史について、たとえば平川彰博士は「紀元前二五〇年ごろから前五〇年ごろまで」とされ、また漢訳の七論のうちの『品《ほん》類足論』と『発智論』とには「パーリ論蔵よりも発達した教理が示されている」と論述される[4]。

以上のパーリ文にせよ漢訳にせよ各七種（ないしそのなかの数種）が完成してはじめて

「論蔵」〔の原語〕がつくられたとすれば、この語の成立年代は、仏教教団《サンガ》の根本分裂からさらに枝末分裂〔の大部分〕も完了して、少なくとも上座部および有部が独立した時代、すなわち早くても仏滅後およそ三百余年にまで延期されることになろう。そうすれば、この「論蔵」の語を含む「三蔵」の語の成立も、その年代以前に遡ることはできない。

したがって、現代の仏教学においては、上記の「論蔵」および「三蔵」を、この節の冒頭に記したように、一方で、初期仏教の資料として掲げながらも、実質的なとりあつかいになれば、部派仏教の文献として処理されており、このあたりは初期仏教と部派仏教との境界が重なり合っている。

なお漢訳仏教圏にあっては、漢訳七論の所属が上述したとおり有部であったために、おそらくは後発の大乗仏教の用語・用例などに同調し迎合して、逆に、初期仏教の資料のたとえば四《し》阿《あ》含《ごん》経までも、一括して「小乗仏教」と呼び慣わすという錯覚を抱き、さらには「阿含経」類は「小乗」の故に「大乗」には及ばないなどの迷妄に溺れつつ、近—現代にいたる。最近になってようやく「初期仏教」〔原始仏教〕と部派仏教とをかなり截然と切り離すようになった。しかしその切断が再びいくつかの諸問題などを招来した。本稿はそれについても論究する。

二

初期仏教の文献資料としての「三蔵」の配列は、すでに記したように、漢訳とパーリ文とが異なる。すなわち、

漢訳……経蔵・律蔵・論蔵
パーリ…律蔵・経蔵・論蔵

右のように、パーリ文が律蔵をトップとするのは、おそらく、仏教教団《サンガ》〔の一部派〕が古代、およそ紀元前三世紀半ばのアショーカ王時代にスリランカに伝わり、まず定着し繁栄したあと、かなり長い年月を隔てて、東南アジアの各地に展開し、途中に各地域ごとの長期または短期の栄枯盛衰を経由しながらも、出家僧（ビク）と在家信者とが緊密に日常的に結合して社会の安定に寄与するというその伝統が、今日まで維持されており現代にはいっそう活発であるという、南方仏教の歴史的な特質を享受し、またそれを反映しているからであろう。具体的にいえば、サンガ主導型の仏教であるところに南方仏教の特徴がある。

そのサンガの出家僧たちは、それぞれの地域の民衆から篤い帰依を受けつつ、その役割

を果たしてきたこと、さらにはそのサンガの内部において、南アジア全域にわたりパーリ語（聖典語）という古典語を二千数百年間も保持しつづけてきたことなどにより、その律蔵は諸文献中その真先《まつさき》に優先したのであろう、と推察される。その伝承にもとづいて、仏典編集をさす結集《けつじゅう》は計六回も行なわれている。〔第六回は先の大戦のあと一九五五～五六年にビルマ（ミャンマー）で挙行された〕。

この「律蔵」優先は、チベット仏教にも同様の伝統が見られる。チベット仏教の文献は〔三蔵という三分割ではなくて〕、カンギュル（仏説部）とテンギュル（論疏部）との二分割であり、そのカンギュルにおいては、デルゲ版はやはり「律部」を先にし、あとに「経部」、そして「タントラ部」の順に並べる（ただし清《しん》朝初期の「北京版」は「律蔵」を最後に置く）。

以上によるかぎり、「律蔵」を第一とすることは、多分、インド仏教全史に通ずる伝統であった可能性が濃い。

これに対して、中国仏教は、経蔵を先とし律蔵をそのあとに置いて、経・律・論の三蔵と称し、あくまでこの順次を崩さない。漢字文化圏の仏教はすべてそれにしたがう。

中国に仏教が伝来したのは紀元前後のころとされる。それまでのいわゆる秦・漢帝国に儒教が栄えたあと、その勢力が弛緩し衰退した後漢には、庶民に黄帝の老荘思想や神仙術が流行したという歴史的事情が仏教の流入と展開とに利した、と考えられている。

当初、中国における仏教は、西域からの渡来人のあいだに信奉され、インドにはすでに初期大乗仏教の成立を迎えた二世紀後半以降に、ようやく漢民族の関心を引いて、経典の漢訳が少しずつ始められた。四世紀末までの漢訳仏典はほぼ経蔵（ただし一部に論もあり、それらの選択はいわば訳者の任意）に限られる。その間の最高の中国僧とされる道安（三一四〜三八五）は、それまでの格義仏教を正して教説に関する多大の貢献を果たしたうえに、中国人出家者集団の行儀作法の統一を計ったともされるが[5]、まだ律蔵の漢訳は着手されていない。

そのような状況のもとに、律蔵の欠漏を嘆いた法顕《ほっけん》（三三九〜四二〇）の晩年のインドへの求法《ぐほう》の旅（三九九〜四一四年）が意義づけられる[6]。

まず漢訳「律蔵」をとりあげる。

法顕はセイロン（スリランカ）にまで渡ってみずから律蔵に忠実な実践修行を究めたのち、海路帰国し、ブッダバドラ（仏駄跋陀羅、覚賢と訳す）とともに、『摩訶僧祇律《まかそうぎりつ》』（大衆部）を漢訳した。ほぼ同時代の五世紀はじめには、ブッダジーヴァ（仏陀什《ぶつだじゅう》、覚寿）の『弥沙塞《みしゃそく》五分律』（化地《けち》部）、鳩摩羅什とプンニャタラ（弗若多羅《ふつにゃたら》）との共訳『十誦律』（有部）、ブッダヤシャ（仏陀耶舎《ぶつだやしゃ》）の『四分律』（法蔵部）という漢訳律蔵がほぼそろったとはいえ、これらは上述のとおり、経論（の一部）訳出の開始より約二世紀も遅れた。なお初期仏教の経蔵である四阿含の各セットの漢訳も四世紀末から五世紀はじめ、とかなりおそい。また右の四種の律蔵漢訳からしばらく遅れて七世紀後半にインドに旅した義浄（六三五〜七一三）訳による『根本《こんぽん》説《せつ》一切《いっさい》有部《うぶ》毘奈耶《びなや》』（『根本有部律』と略す、根本有部）があり、上述の四種に加えて、「五大広律」と呼ぶ。〔なお、平川彰博士の『律蔵の研究』ほかをはじめとする諸学者の成果に明らかなように、南方仏教の伝える上座部系の「パーリ律」の文中には、右の漢訳の「五大広律」の相当箇所よりも古い形跡を示す例が数多くある〕。

　このように、中国人が最初に知った仏典は〔インド仏教史の初期から中期半ばごろまでの〕経や論に属するテクスト類であり、それから長い年月ののちに律蔵が渡来し漢訳も果たされた。そのために、三蔵には経蔵が優先してつぎに律蔵が置かれるという序列を形成したのであろう。しかも漢民族はいったん漢訳が果たされると、その当初から漢訳テクストのみを信頼し、それに依拠して中国仏教を築き伝えた。〔未訳本を含む厖大な原典は数次の廃仏などにも遭遇してすべて廃棄され、サンスクリット語などの貝葉《ばいよう》のごく一部が辺境に埋められ残されたにすぎない〕。

　以上の理由によって、中国に発する漢字文化圏〔朝鮮半島、日本、ヴィエトナム、いまは台湾を含む〕の仏教＝いわゆる北伝仏教においては、三蔵といえば、かならず経蔵・律蔵・論蔵という順序に並べる、と理解されよう。

この件に関して付言すれば、中国仏教には大乗・小乗の語の濫用があり、また教判がある。さらにのちには、禅〔宗〕の成立とそれに伴う「清規《しんぎ》」の制定があって、インドや東南アジアの仏教ではまったく考えられ得ない出家者集団の自活自営（自給自足）の組織（ときに山中にこもり在家信者と離れる）などが、とくに目だつ。

三

「論蔵」について考える。

アビダルマ（アビダンマ）の語は、中国では「阿毘達磨《あびだつま》」「阿毘曇《あびどん》」と音写するのが一般的である。それに往時の中国人が「論」を当てたのは、もっぱらそのテクスト類の内容にもとづく。ダルマ（ダンマ）に対する「法」という訳語も、やはり同じ意図と考えられる。

アビダルマというときのダルマは〔すでに解明されているダルマの四種類の意味内容のなかの〕「教説」を、ないしは「〔仏説をあらわす〕経」と呼ばれるテクストをさす。また「アビ」という接頭辞はもともと「方向・接触・上方」をあらわし(7)、「について」「対して」の意味に用いられる。したがって、アビダルマは「法ないし経の研究」を指示し、玄奘の

「対法」という説明は正鵠を得ている。

他方、パーリ文献にあっては、「アビ」はその派生的用例から「優れた、過ぎた」を表明すると主張されて、アビダンマを「優れた法」と解する。またパーリ文は、右にも触れたとおり、上述の七論のみを聖典〔仏説〕である「アビダンマ・ピタカ」〔＝論蔵〕と扱う。なお「パーリ」という語はそのまま「聖典」を意味する。

中国では、アビダルマはいわば「経を註釈して教説を説明する」というありかたから、「論」と漢訳された、と見なしてよい。

漢訳は、アビダルマの名を含む諸テクストに格別の限定を設けない。右には有部が伝えた初期の七論のみに触れたが、そのなかの『発智論』こそが有部独自のテクストなのであり、それは『阿毘達磨大毘婆沙論《だいびばしゃ》』の一大論書を導き、またこの大著のダイジェスト版の『阿毘達磨倶舎論《くしゃ》』〔の詩〕にいたる。またその過程には種々の小論書があり、さらにはこの『倶舎論』〔の散文〕に異議を唱えた衆賢の『阿毘達磨順正理論』『阿毘達磨顕宗論』にも及ぶ。

有部とは別の部派も、それぞれのアビダルマ文献を創作し伝承した。以上あげた諸本の漢訳は、『大正新脩大蔵経』毘曇部《びどん》（第二十六巻半ばから第二十九巻まで）を占め、計二十八部（Nos. 1536–1563）のテクストが載せられている。

ところが実際には、初期仏教の資料中、経蔵（すなわち漢訳の四阿含およびパーリの五ニカーヤ）に含まれる多数の経が、その経よりも先に成立した経（ないし法）の註釈そのものから成る経という例も少なくない。たとえば、長《じょう》・中《ちゅう》・雑《ぞう》・増壱《ぞういつ》の四阿含のうち、「増壱阿含経」、またはそれに相当する「アングッタラ・ニカーヤ」（増支部）にしても、とりわけ「長阿含経」の末尾にあってほぼ全体の四分の一にも達する『世記経』（パーリ文に相当の経はない）にしても、さらにはパーリ経蔵の第五部である「小部」（クッダカ・ニカーヤ）中のいくつかの経などは、他の経の註釈から成り、もしくは整備され編集された跡がきわめて濃い。それについてはかつて木村泰賢博士が、

現在の経蔵なるものは半経半論の混合作であるといふも誣言ではあるまいと思ふ。(8)

と評している。

そのような現状であってみれば、初期仏教の資料における経蔵と論蔵との区分は、それが施された往時（いつかはまったく不明）に決定され、そのまま伝承されて、今日にいたり、そのやや不分明で不適正な伝統にしたがっている、といわざるを得ない。

経蔵についても、一言しておこう。

四

現在に伝えられる初期仏教の資料としての経蔵は、パーリ五部また漢訳四阿含に区分・編集されている。

それとは別に、より古い編集の分類として、「九分経・十二分経」の名称が広く知られる（上記の「分」を「部」と、「経」を「教」と記す例も多い）。そしてこの九分ないし十二分のそれぞれに関し（右の五部四阿含の大綱をも含みつつ）、最も詳細に徹底して論述した大著、前田惠學『原始仏教聖典の成立史研究』（山喜房佛書林、一九六四年）がある。

この九分経・十二分経を構成する各々が、何を意味し表明して初期仏教「経蔵」中のいずれの経に相当するかなどをめぐって、すでにインドの諸部派分裂の時代以来、今日に及んでもなお、くりかえし検討が加えられてきた。それらを紹介し綿密に調査したうえに、著者独自の見解や評説を施して、右の大著は成る。

むかしこの大著を詳しく繰り返して読み、いままた読み直したうえでの卑見は、ほぼつぎのとおり。

九分経ないし十二分経は、その内谷をなす一つ一つについて、その名称などが、現存する初期仏教文献のきわめて古くから、ほぼ統一的に伝えられ、さらにその九ないし十二の各名称の引用列挙は大乗仏典にまで及ぶ。

しかしながら、そもそも初期経典類の全体を蒐集してそれらを九種ないし十二種に分類しようという試みないし活動は、インド仏教史に実際はかつて存在しなかったのではないか、九分経や十二分経は伝承された経典群のほぼ全体を概括したうえでの〔一部に区分を混じえたものの、たんなる総称としての〕呼称にすぎなかったのではないか、そして、スッタ（スートラ、契経《けいきょう》）、ゲイヤ（ゲーヤ、応頌）[9]などの計九〜十二種の術語は、各々の単経の形態や内容の特徴や特殊な伝承などにもとづきながら、それらのいわばサンプルを抽出して特色づけた名称にほかならなかったのではないか、という、やや乱暴にも見える私見をここに提出したい。

右の私見はつぎのように換言してよい。

たとい右の九分経・十二分経が実現されたとしても、すなわち、まず第一に、当時の初期仏教テクスト全体〔ないし大部分〕の蒐集が完了して、そして第二に、テクストのすべてをそのなかに収めたその全体が九分割〔ないし十二分割〕されてそれなりに組織化されたとしても、それはおそらく一部については成功したとしても、他の箇所に関してはきわめて不完全でありルーズに流れざるを得なかったであろう。

さらに右の推理を深めて行くと、その不完全の故に、すなわち九～十二の区分が実際には不透明であり、権威的な形式のみの空転から、九分経・十二分経は現実化され得なかった。かえって、それよりもはるかに判りやすい、たんに経の長さ〔経中の語の多少〕にもとづいて、長・中・雑〔相応〕・増壱〔増支〕という四阿含四部〔そして漢訳に見える「雑蔵」、パーリ文の「小部」〕という[10]、九分～十二分とは分類の発想も態度も手法も根本的に異なる、まことに単純で明白な分類・区分が実施された〔それが後代に伝承されて今日にいたる〕のではないか、との想像も、不可能ではない。〔往時はすべて口誦であった事情なども当然考慮される[11]〕。

それならば、なぜ「スッタ」以下の九分割が実現されず、さらには「ニダーナ」〔因縁〕と「アパダーナ」〔アヴァダーナ、譬喩〕と「ウパデーサ」〔ウパデーシャ、論議〕との三種を加えた十二分割が、事実上なされなかったかといえば、それらの分割・区分の境界線が明確ではなかったからであろう、あるいは、いちおう形式的に九分・十二分が称えられていたとしても、そしてその当時、そのいくつかは確定し固定していたとしても、他のいくつかはなお進行中ないし製作中であり、したがって実際には各々の境界線を引くことはできなかったであろう。そのような理由のために、その分類は不可能であったであろう、と私は考える。

ごく簡便にたとえていえば、子どもたちの集まりを、少年と少女と児童とに〔あるいはおとなの群れを男と女と老人とに〕区分するのに似ている。この三分割は、その集合体の全体をいちおうは覆うことができるとしても、児童ないし老人に関して明確で厳密な年齢区分を設定しなければ、その効用はほとんどなく、名称以上の進展もあり得ない。

「スッタ」以下の九種の区分が、そのおおまかな文章形態にしたがっており、またかなり深く内容を踏まえているとはいえ、九種相互の分割規準がそれほど明晰ではなく、ときには重なり合っていて、したがって重複や互入〔や遺漏など〕があり得た、と考えられる。

それが最も顕著に見られるのは、十二分経として九分経に付加された〔とされる〕「ニダーナ」と「ウパデーサ」であり、この両者はたがいに共通項を有し、しかも九分経の「ジャータカ」と、また「イディヴッティカ」とも、あるいは重複し、あるいは類似する箇所が明らかにされている。

これらに加えて、九分経にも、十二分経にも、煩わしい問題が多い。たとえば「ニダーナ」を「因縁〔物語〕」と解するかぎり、それは初期仏教の経蔵には存在せず、律蔵において顕著になるという右の前田博士の指摘(12)がすでにあり、このテーマは次章の〈「仏伝」について〉以下に関連しよう。またはとりわけパーリ語の「アパダーナ」とサンスクリット語の「アヴァダーナ」との同異[13]なども、なお問題とされる余地がある。

また十二分経に付加された残りの一つの「ウパデーサ」は、先に述べた論蔵にも連絡するという問題をひきおこし、そればかりか、大乗仏教の何種類もの「経の註釈としての論」（たとえば「大智度論」、「十地経論」、いわゆる「浄土経論」など、『大正新脩大蔵経』釈経論部、第二十五巻と第二十六巻の前半[14]）にまで緊密につながっている。

以上、「三蔵」とその各個および「九分経・十二分経」に関する卑見を論述した。

付記　釈尊の年代論〔もしくは仏滅年代論〕に関する私見

釈尊の年代論は、かなり古くから議論されてきて、しばらく鎮まり、近時再びヨーロッパ〔とくにドイツとフランス〕でも日本でも、学界を賑わせており、それのみをテーマとする合同の国際会議も数年間つづけられて、著作や論文の質はきわめて高い。

釈尊が仏教の創唱者（いわゆる開祖）であり、全人類の教師〔のひとり〕である以上、その年代決定はまさに重要であり、計りしれないほど意義深い。しかしおそらく二百種以上に及ぶ往時の諸資料を一つ一つ検討するというこの年代論研究に、これまで参加していない私は、大別してつぎの二種に区分されるこの議論〔の内容〕を批判する資格も能力も有していない。

二種とは、釈尊の入滅（「仏滅」と略すことが多い）から仏教教団《サンガ》の最初の分裂（根本分裂）までの年数を、南方伝承にもとづいて約二百年とする説と、かなり多く北方（漢訳）の資料をも活用して約百年とする説とであり、主として、ヨーロッパやインドなどの学界は前者を、日本の諸学者は後者を採用する。[15] なお右の根本分裂は、紀元前二六八年のアショーカ王即位（この説は日本もヨーロッパも一致）と、年代的に深くかかわる。

この議論とその結論により、釈尊の年代はほぼ、日本の諸学者は紀元前四六三～前三八三年とし、ヨーロッパ学界では紀元前五六五～前四八五年とされる。〔現在その議論を熱心に推進している代表者、ドイツのゲッティンゲン大学のハインツ・ベッヒェルト教授は、これら両説に批判的であり第三の説を立てようとする[16]〕。

いずれにせよ、私は、右の二説間の百年の違いをそれほど問題視せずに、日本の諸学者の説にしたがいつつ、ヨーロッパ説を別説として併記してきたし、今後もそれをつづけて行きたい。このようないわば不確定で不詳の年代論は有史以来、紀元七～八世紀ごろまで（さらに延長され得る）のインド史・インド人に関しては、どうしてもやむを得ない、と私は考えている。

それにもかかわらず、またそれと同時に、ここに右の確認のもとに私がとくに主張したいところは、以下に凝縮される。

サンガ〔仏教教団〕の根本分裂の年代を釈尊の入滅後の約百年としようが、あるいは約二百年としようが、もしくはより正確な年数を掲げようが、それは、〔上述したようなアショーカ王即位年との関連から釈尊の年代決定にはきわめて重大ではあるけれども〕、二千数百年にも及ぶ長い期間伝承されて現存している初期仏教の諸文献資料の成立年代の推定とは、ほとんど関係がない、と考えられる。

まして、これらの諸資料を、右の百年説によりつつ釈尊の直接の教説（「金口《こんく》の説法」という）に近づけようとし、あるいは二百年説の故に遠ざけようとする試みに、私は反対し、そのような試みそのものを受けつけない。それはサンガの展開を含む初期仏教の万般のことがらに関して一貫する。〔一般的にいえば、史実の評価、歴史の内容、社会の状況、思想の推移は、たとい百年ないしそれ以下の短期間でも一変してしまうこともあり、または二百年間もそれほど変化しないこともある〕。

くりかえしていえば、釈尊入滅から部派分裂までの間隔の年数計算における約百年の相違は、現存資料の〔新古を含む〕成立年代論とは、いっさい関係がない。さらに極端に簡略化していえば、私は、釈尊の年代論と、初期仏教の資料論とは、それぞれ別個の問題として〔切り離して〕考察したい。したがってそれぞれの研究も各々が別々に進められる。

右のうちの後者のテーマにもとづく現存する初期仏教諸資料の新古に関しては、それら諸資料間の〔それらに属する特定されたテクスト[17]ごとの、さらにはそのテクスト中の或る〈まとまった〉部分[18]ごとの〕相対的な新古としてのみ論議され研究の課題となり得る、そしてそれら諸文献資料が成立した〔ないし編集された〕時代ないし年代を、歴史上の或る特定の年数によって決定することは、〔全面的にといってよいほど〕不可能である、〔ごくわずかにアショーカ王との関連においてのみ参照されるケースがあるにすぎない〕、と私は考えている[19]。

註

(1) パーリ「律蔵」伝持については平川彰『二百五十戒の研究』1（春秋社、一九九三年）の「序章　五　律蔵伝持の部派の問題」（七七ページ以下）を参照。

(2) 仏教経典の成立のプロセスは、私見によれば、同部同系でありながら多種多数の経典群を擁する「般若経」の研究から、その端緒の一つを探ることができる。その試案は、拙稿「般若経の成立史覚書」（『東洋学術研究』第23巻第1号、一九八四年五月、一九四～二一一ページ）などに記し、拙著『仏教入門』（岩波新書、一九九〇年、一四六ページ、著作集第一巻、一二二ページ）にも触れた。

（3）ピタカ＝Piṭaka をＰＴＳの『パーリ語辞典』は、basket as container of tradition, Winternitz, Ind. Lit. II 8, oral tradition とさらに説明を加える。

（4）平川彰『インド仏教史』上巻、春秋社、一九七四年、一七七、一七九ページ。

（5）「僧尼軌範」、「仏法憲章」三例が知られる。

（6）平川彰、上掲書、三〇ページ以下。

（7）辻直四郎『サンスクリット文法』岩波全書、一九七四年、二四四ページ。

（8）木村泰賢『阿毘達磨論の研究』（全集第六巻、明治書院、一九三七年）、二七ページ。

（9）geyya（geya）はこの九分経ないし十二分経のためのみに用いられるというきわめて特殊な語とされる。前田惠學『原始仏教聖典の成立史研究』山喜房佛書林、一九六四年、二六七ページ、また二七八ページの註3と4を参照。

（10）四部の各部と四阿含の各々、およびそれぞれに含まれる各単経がかなりよく対応し合いつつ、それでもなお多くのズレを伴うところから、（おそらくマガダ語による）経典編集（ないし「三蔵」成立）が現存テクスト確定以前にあった、というのが定説とされている。（中村元『ブッダのことば』岩波文庫、一九八四年、「解説」四三七ページの図が最もわかりやすい）。

（11）たとい「バーナカ」（bhāṇaka 誦出者）などの活躍を認めるとしても、暗誦されている莫大な量の経文を九ないし十二種に区分し整備するという作業が、はたして可能であろうか、と案じられる。もちろん、現代人の思考を古代インド人に強要してはならないが、同時に、あまりにも著しい懸隔を当初から前提とすることも慎むべきであろう。

(12) 前田、同書、四四六ページ以下。「ニダーナ」の語は、経蔵においては、いわゆる「縁起説」の「縁」ないし「因縁」という術語としての用例のみが前田博士により列挙されている。
前田説は、十二分経の十二種にさらにパリヤーヤ(pariyāya、邦語の適訳はむずかしく、英語の lesson が当てられる)を加えている。ただしこの大冊のあと、この研究はだれからも進められていない。

なお前田博士のこの大著は「仏陀の用いた言語とパーリ語の故郷――その教団史的考察――」「四部四阿含成立以前の聖典の形態――九分十二分教とパリヤーヤ――」「原始仏教聖典各部原型の成立」の三編から成り、「序論」と「総結」「付説」とを加える。
(13) 前田、同書、四四九～四七二ページ。平川彰『律蔵の研究』山喜房佛書林、一九五〇年、三二九～三五二ページなど。
(14) 大正蔵のこの箇所には、「**一五〇五** 四阿鋡暮抄解～**一五三五** 大乗四法経釈」の計三十のテクストを集め、大部分は「論」ないし「経論」と結ぶが、「優(または憂)波提舎」と音写を残すものも少なくない。
(15) 釈尊の生涯が八十歳ということは、すべての資料に共通する。したがって、釈尊の年代論はその入滅の年代によって決定される。かつてこの問題に新しい火をつけた宇井伯壽博士の造語と思われる「仏滅年代論」は、博士以後に中村元博士の修訂が加わり、そのほか多くの日本人学者によって論究されてきて、ほぼ確定している。
このテーマにもとづく最も新しく最も徹底した論述に、平川彰博士の労作「仏滅年代論――

仏陀の入滅年代に関する資料の評価について」があり、平川彰著作集・第二巻『原始仏教とアビダルマ仏教』（春秋社、一九九一年）の冒頭に計約八十ページを占める。なお同書の第一篇と第二篇とは、すべて原始仏教（初期仏教）の教団史や思想を論ずる。

(16) Heinz Bechert, Die Lebenszeit des Buddha — das älteste feststehnde Datum der indischen Geschichte?, Göttingen 1986, Nr. 4. この論文につづいて、同じくベッヒェルト編により、The Dating of the Historical Buddha. Die Datierung des historischen Buddha と称するシンポジウムが継続議論され、計三部から成る同名の大冊が一九九一～九三年に刊行された。日本からは平川彰、湯山明、土田龍太郎の諸博士などが参加し寄稿している。

(17) たとえば『スッタニパータ』。

(18) たとえば『スッタニパータ』の第五章「パーラーヤナ」章。

(19) 初期経典の成立に関しては諸研究論文があり、最新の概要を得たものとして『長阿含経I』（「新国訳大蔵経」大蔵出版、一九九三年）のなかの三枝・森章司「解題（一～六）」を参照。

第六章　「仏伝」について

まえがき

或るモノ・コトが最初に創られ開始されて成立し、やがて定着し拡大し発展して、さらに普遍化され一般化して日常的に見聞されるようになると、それを受容している〔とくに後代の〕ひとびとは、そのモノ・コトの現実の存在や機能などをそのままごく当然であり、ときには自然であるとして、なんの違和感も抱くことなく承認する。

それは通常「伝統」と呼ばれる。

逆にいえば、世にいう「伝統」は、生まれ育った周囲の風土を占める「自然」とほぼ同等に捉えられるとはいえ、人工による文化の一種にほかならず、かならず始元がある。

「伝統」に含まれる諸事象には、それが開創された最初期に或る特定の意図にもとづく作為《さくい》が計られ加えられている。そしてその作為は後代にしばしば意外に強力にはたらいて、その伝統を活気づけ躍動させ、ないしは変革をもたらし、ときには伝統自身の破壊・消滅に導く例もある。

もとより「伝統」の「始元」はつねに意識（意図）的であるとは限らない。またその「作為」もおおむね諸種の複合から成る。たんに「始元」とはいっても、それからのプロセスは紆余曲折に富み、幾多の変貌を免れ得ない。思わぬ変異からは、始元（や、いわんや作為）の特定は不可能に近く、その遡及さえ困難という事例が日常には頗る多く、また敢えてその試みの用もないケースすらしばしばある。

釈尊（ゴータマ[1]・ブッダ）によって西暦紀元前五世紀ごろに創始された仏教は、まずガンジス河中流域の一部から北インド西部の一部へ、ついで北インドの中部全体にひろがりをもつインド大平原一帯（漢文の仏典は「中国」と呼ぶ、原語は Madhyadeśa, Majjhimadesa という）に浸透して普及し展開をつづけるあいだに、北西部の各地にも、やがてはインド全土に伝達されて、広く多数の信奉者を集める。

多分に当時の社会情勢ともあいまって、仏教は、その最初期ではないにしても、開創のかなり早い初期にすでに、それまでのインド史（文化史も思想史も含む）にはかつて見られなかった独自の偉業を開拓し達成する。それは複数のいくつかが指摘されようが、つぎの

二項はとくに注目に値する、と私は考える。すなわち、

①ゴータマ・ブッダ（釈尊ないし釈迦仏）という個人の伝記の成立。

②出家修行者たちを中心とする自立した集団すなわち〔やがて〕サンガと称される仏教教団の確立。

この二項は、ひとり釈尊（ゴータマ・ブッダ）―仏教のみが果たし得たというよりは、むしろほぼ同じ時代に近接の地域に誕生し活躍して後代まで平行する展開をとげたマハーヴィーラ（ヴァルダマーナ）―ジャイナ教の及ぼした影響がきわめて大きい、とも見なされる〔最近の研究のなかには、むしろジャイナ教が術語や教理を含む種々の面で先導したのではないか、との主張も知られる(2)〕。

ただし本研究では、ジャイナ教への言及は叶わず、釈尊―仏教に関してのみ論述する。

この拙稿は、右の①と②との二項に不可欠の資料であるパーリ『律蔵』の冒頭の「大品」の最初の計二十四節（*Vinaya* I, 1-24, PTS. vol. I, pp. 1-44）をとりあげ、それが従来は「仏伝」〔の一部〕として重要視されもっぱら「仏伝」〔の一部〕を占めて引用されてきた諸説や諸研究に対して、敢えて異を称え、実はそれがサンガ成立〔史〕の「ニダーナ」（因縁物語）という意図のもとに作成されたのではないかという新しい見解を、ここに提出する（この本文は本書の「第八章」に掲載）。

資料のパーリ『律蔵』についての論述（本書「第八章」）に先立って、この章は、上述の二項のうち「仏伝」について記す。

一

「仏伝」とは、あらためていうまでもなく、「ブッダの伝記」であり、ここでいうブッダはゴータマ・ブッダをさす。ゴータマ・ブッダのほかに、ブッダの語は、仏教以外でもかなり広く用いられ、また仏教内部でもいわゆる過去七仏や大乗の諸仏などのような用例〔さらにそれらからの展開として、観仏・念仏・成仏・仏性などの汎用〕がよく知られている。しかし「ゴータマ・ブッダの伝記」に限ってのみ「仏伝」の語は用いられ、他はその一部の転用にすぎない。

なお本稿においても、私見にもとづいて従来用いてきたように、ブッダ〔仏〕の語を、ゴータマ・ブッダのみカタカナで、それ以外は漢字の「仏」で表記して、日本語文字の特性を活用したい。また玄奘（六〇〇〜六六四）の確定した「仏陀」が広く使われているとはいえ、その「仏陀」を漢訳仏典全般に拡大しようとすると、ときに当惑する、たとえば「阿弥陀仏陀」と記すことはない。

二

かなり以前より、「インドでは時の流れが止まる」と称され、「インド人は永遠の時間を悠久に生きる」「インドには或る紀年にもとづく〔一貫した〕歴史〔書〕がない」などと評される。とくにインドの外部のひとびとからそのような指摘がしばしば加えられる。

過去の日本人は仏教とくに大乗仏教の経や論や仏像などを通じて「天竺」に憧憬を覚え、あるいはまた格別の媒介もなく一種の風聞と空想によって、たとえばドイツのいわゆるロマンティク時代の文学者たちなどは、インドに向けて「無時間の異境」めいた感慨ないし感傷に耽ったなどの事例がある。

インド以外の古代文化、とりわけ中国もギリシアもローマも、その他の地域も、各々の最初期は別として、比較的初期から〔ほぼ現代まで〕の年代記述をもつ歴史―史書が創られ伝えられているのと対比すると、インド〔人〕の史書欠如は、いっそう目だつ。

もとよりインド人が紀年をまったく無視したという極論は、かならずしも正しくない。たとえばアショーカ王の碑文のなかには「灌頂（＝即位）の八年にカリンガ征服」や「灌頂十年にブッダガヤーを訪ね法の巡礼に出発」「灌頂二十年にブッタ・サクヤムニの生誕地ルンビニーを訪れ石柱を建立」「灌頂二十六年に不殺生の勅令」などを刻記し、[3]またインド各地に残る古代碑銘にも、それほど多数とはいえないとしても、その碑を設けた当時の王〔ないし地域の支配者など〕の名をあげて、その経過年数を明らかにしている例[4]も見られる。

どの時代のインド人も、それぞれにその年月に対応しつつ生活し、文明・文化を築いてきた。ただその諸事績の全体を貫く特定の年代記述に関心がほとんどなく、まして全史を総括して統一的に記録しようという意図をもたなかった、と評することができよう。〔インド全土の地域を政治的に統一するという例も、隣国の中国などに比較して、圧倒的に少ない〕。

釈尊（ゴータマ・ブッダ）より以前に、古ウパニシャッドの数種のテクストが創られ、そのなかには哲人と称賛される個人名が、何人も挙げられている。しかしながら、それらの固有名詞はその教説とともに告げられるのみであり、その個人の伝記の類いはほとんど顧みられない。ときにわずかな例として、『ブリハッド』と『チャーンドーギヤ』の二つのウパニシャッドが、ウッダーラカ・アールニについて、その出身・修学・問答・親子関係などに関説[5]するとはいえ、それらはすべてかれ自身の説を教え伝えることに随伴するにとどまり、もしくは、漠然と師弟関係（たとえばウッダーラカ・アールニの弟子のヤージニャヴァルキヤ）などと触れる程度にすぎない。あるいはせいぜい「ヤージニャヴァルキヤはどこかへ漂然と去って行った[6]」というほどの文はあるが、それ以上は考慮されていない。釈尊（ゴータマ・ブッダ）よりもやや先輩であり、もしくは同時代人であると見なされるいわゆる「六師」に代表される当時の自由思想家たちについても、その教説の基本となる概論の提示を除けば、その出自や経歴などがごく短く語られる文を、初期の仏典中に淡く残すのみで、それ以上は立ち入らない。

以上のような経緯・状況のなかで、釈尊（ゴータマ・ブッダ）に関する「仏伝」は、いったん創られ、ないし生まれると、その動勢は驚異的と見られるほどに急激に広汎にエスカレートして行き、多くの文学作品として結晶し、さらに岩壁や石柱・石塊などに彫刻され、優れた芸術作品が輩出する。

「仏伝」はおそらく、仏教信者（仏教徒）の釈尊（ゴータマ・ブッダ）に対する帰依がこれ以上ないほどに昂揚《こうよう》し、その賛美が極限に達して、やがては或る程度の神秘化（超人化・神格化といってもよい）が芽生えてきた機運にも乗じつつ、その創作が開始されたのではないか。とりわけ釈尊個人を眼の当たりにし直接に接触する機を得て帰依した出家と在家との信者たちの次世代以降に属し、或る年数が過ぎ去ってのち、すでに入滅した釈尊にまつわる名声や加重された追憶を、直接・間接に一種の物語として聞くのみで、現実には釈尊に出会うチャンスの恵まれなかった仏教徒たちが、空想をはりめぐらせて、「仏伝」は一挙に開花し、その内谷もそれぞれに充実させ豊熟へと導いていったのではないか、と思われる。

多数の芸術的な（あるいは記念的な）影像が現在に伝わるなかで、当時すでに（後述する）仏伝〔の一部〕が伝聞されてみごとに彫出されているにもかかわらず、それらの仏教彫刻にはおよそ紀元後一世紀末ないし二世紀初頭にいたるまで、すなわち仏滅後およそ五百年間は、釈尊の占める場所を暗示するのみで空白とし、または特定のシンボルが置かれるにとどまり、いわゆる仏像は刻まれることがなかったという史実も、上述の「賛美の極限」「神秘化の萌芽」を立証する、と私は考える。

三

最初期の仏典資料とされる『スッタニパータ』は、すでに「仏伝」の種子や出芽を多数孕む。すなわち、その第五章の「序偈」[7]のなかの計十五詩（*v.* 991-1005）は、その釈尊賛美が「甘蔗王の後裔」「三十二相」に及び、同第四章の「一六、サーリプッタ」の冒頭の三詩（*v.* 955-957）は、サーリプッタが「ブッダはトゥシタ（兜率《とそつ》）天から来た」と詠ずる。

そのほか、同第三章の「一、出家」(*v.* 405-424)は、出家からビンビサーラ王との会見や問答〔太陽の裔であるシャカ族と答える〕を、「二、つとめはげむ」(*v.* 425-449)は、魔のナムチを降伏させる話を伝え、「一一、ナーラカ」の序詩(*v.* 679-698)は、釈尊のルンビニー生誕説話を語ってアシタ仙人のエピソードまでも添え、そのあとの計三十五詩(*v.* 699-723)は、ナーラカに聖者の境地を教えている。

このように、仏教経典はそのかなり初期の段階から、釈尊の生涯のなかでとくにポイントとなるできごとを物語ふうに〔いわば文学作品として〕創りあげて、それがしばらく継続する間に、なんらかの機が熟して「仏伝」へと発展して行く。

釈尊の生涯のうち、誕生と成道と最初説法と入滅との四つが、四大事績として賛美され、それぞれの地は四大聖地として顕彰され崇拝の対象となる。釈尊入滅後約百年(別説は二百年)に即位したアショーカ王の碑文がそのことを刻み、そのアショーカ王によって記念のモニュメントが建立され、少なくともその石柱の一本は最初説法の地のサールナートに現在も仰ぎ見られる。

もとより賛仏の極限からスタートしたと思われるこの物語は、種々の潤色を受けて飾られたのちに、いったん完成してほぼ固定する。それは一種の〈決まり文句〉となり、初期の仏教術語の一つがここに成立する。その典型がいわゆる〈八相〔成道〕〉であり、それは上述の四つにさらに四つを加えて完成する。八相は、(1)降兜率《ごうとそつ》（兜率天より降下）、(2)托《たく》胎《たい》（入胎《にったい》）、(3)出胎《しゅったい》（誕生）、(4)出家、(5)降魔《ごうま》（あらゆる欲望や無知や執著との葛藤を経てそれらを鎮圧し消去した境界の寓意）、(6)成道、(7)説法（転法輪《てんぼうりん》）、(8)入滅（般涅槃《はつねはん》）と呼ばれる。

この「八相」には釈尊のいわば前世物語が巧みに組み込まれており、それは釈尊の時代を遡る古ウパニシャッドのなかに説かれた「輪廻《りんね》（転生《てんしょう》）」と「業《ごう》」（カルマン、カルマ、カンマ）との二つの説の連結（とくにヤージニャヴァルキヤの説[8]）が強力にはたらいているといわれる。

「業」は、本来は行為とその行為のもつ潜在的な力《ちから》すなわちその表われである結果（果報）とを統括したその総体をいう。すなわち、業は未来に対する現在の行為責任を主張し、現在がいわばその誕生以前に立脚しつつそれから死後の再生までを展望して、そのありかたの全体を担うと説く。しかし、その一部を拡大しつつ反転させれば、現在を過去（とくにその前世）の業の果報と見なすことになる。

こうして、現世に成道を達成した釈尊という善果に関し、その前世のさまざまな善業がその善因として語られることになり、「ジャータカ」の名称で知られる釈尊の前世物語（本生譚《ほんじょうだん》という）の諸作品の誕生を迎える。それらは、当時の民話やエピソードやうわさ話や伝承されたおとぎ話めいたものまでもとりいれて、続々とあらたに創作されて増加し、逆に、仏教の伝播普及に最も強力に貢献した。

なお、業と果報とを結ぶのは「因と果」であり、その因果関係に対する絶大な信奉が欠けていれば〔たとえばその関係の外部に絶対者が出現してはたらきかける、また神秘や謎などに惹かれたり偶然などに左右されるというようなことに誘われ惑わされる事態が些かでもあるならば〕、右の業の説は成立し得ない。

この厳格な因果関係をやや緩和し、または環境や状況を俯瞰して、その中間または周辺ないし底辺に「縁」（条件）を挿入しつつ拡大すると、ここに「因縁物語」がスムーズにその可能性を昂《たか》めて行く。因縁物語は仏典では通常「ニダーナ」（nidāna）と呼ばれ、このニダーナの語（普通名詞）は本来「因縁」の意味ですでに『リグ・ヴェーダ』(9)以来用いられており、古代インド人には馴《な》じみが深い。さらに最初期の仏典『スッタニパータ』における「縁（起）」思想を指示する語の使用も、おそらくこのニダーナ（nidāna）の語によって始められ、それが種々のプロセスを経てパッチャヤ（パティッチャ）の術語に収められていったのではないか、と推定(10)される。

さらに、輪廻は「生まれ変わり」であるから、個体に及ぼす〔前世の〕業は、ジャン（jan 生ずる、生まれる）を語根とする『ジャータカ』（本生物語）に展開される。他方、より広い意味での業は、その果を導く一種の力そのものとして見るかぎり、上述したいわば両義のニダーナの語がふさわしく、ニダーナはあらゆる行為(とそれをとりまくすべて)にかならず付随している、と考えられた。おそらくこのような見地から、たとえばパーリ文の「経蔵」に含まれる『小部』のなかの『ジャータカ』(*Jātaka*)は計五四七話の「ジャータカ」を集めて成るが、このテクストがブッダゴーサによってまとめられたさい(五〜六世紀)には、その最初に序説として「ニダーナ物語《カター》」が設けられている。しかもこの「ジャータカ序」は「遠い」「遠くない」「近い」の三種の因縁物語に分かれていて、この後者の二話がまさしく「仏伝」に相当する。(11)

ジャータカ作品はブッダの前世(本生)を語るさいに、その主人公をボサツ(bodhi-satta, bodhi-sattva)と呼んだ。ブッダ(覚者)になることは前提されている(「授記」という)けれども、その物語の進行中はまだブッダにはなっていないという、まったく特殊でありつつ論理的にも符合する理由にもとづく。そしてそれがボサツの語の起原であろうとされる。

その理論によれば、ボサツの語はさらに延長されることになる。すなわち、上述した八相成道において、その(1)降兜率では、もとトゥシタ天にあり、それから降下して(2)の入胎となり、それから(3)出胎、(4)出家を経て、〔修行があり〕(5)降魔を達成して、(6)成道を迎えるその直前までは、その主人公（主格）はすべてボサツであって、このボサツが成道してブッダとなる〔このような用例や汎用は初期経典中に数多くある。たとえば『長部』また『長阿含経』中の「大本経」の過去七仏の各々にも適用されている〕。そして以上の見かたによれば、右のボサツとしての一連の話はいわばブッダの「ニダーナ」（因縁物語）にほかならず、それは同時に「仏伝」〔の核となる最も重要な箇所〕でもある。ただしさらにこの理論を進めて行くと、世にいう「伝記」（biography, life history）の類いは、仔細に見れば、その大部分がすべて「ニダーナ」に吸収されてしまうことになろう。

四

「仏伝」のテーマに戻る。

初期仏教を伝えるテクストは何よりもまず第一に「経蔵」であり、それはパーリの五部と漢訳の四阿含としてまとまり後代に伝えられて今日にいたる。しかしながら、それらに含まれるあまたの経は、すべてつぎの〈決まり文句〉をその冒頭に置く。

「このようにわたしは聞いた。或るとき世尊は……におられた」（パーリ文は evaṃ me sutaṃ, ekaṃ samayaṃ Bhagavā...viharati.[12] サンスクリット文は evaṃ mayā śrutam, ekasmin samaye Bhagavān...viharati. 漢訳はほぼ「如是我聞一時仏」[13]のあとに「在」ときに「住」または「遊」。『中阿含経』は「我聞如是」と変え、『増壱阿含経』は「聞如是」として「我」を省く、その他は同じ)。

このようにすべての経が「或るとき」「一時」としか記されていないために、それらを集めてその先後を問い時間的な順番を付してそのとおりに並べようとしても、所詮その試みは経そのものによって当初から明確に拒否されている。すなわち、「経蔵」中のあまたの経の説く「仏説」にはそれらの前後がつけられない。のちの研究者が困惑するのは、さらに同一の内容を、或る経は詳細に、他の経は簡略に説いている場合、その二つ〔あるいはそれ以上の数〕の経のどちらを、時間上の前とし先とするかの判断は、全然といってよいほど不可能に陥ってしまう。しかもそれらを一部分として説き、他の教説も混じえつつ、ときには後代の付加を添えて一つの経が構成されているという例もあって、その一つの経のなかの或る箇所は古く他の箇所は新しいという経について、それをいかに区分するかに関しては、なんびとも決定できない。そのうえ、経文の伝承の過程において増広《ぞうこう》(付加)があり損耗《そんもう》(削除など)もあり、また挿入もあり変更もあり得たとされている。それらを経て編集された総体が、現存する初期経典—パーリ五部・漢訳四阿含にほかならない。それら(文章の増長複雑化と短縮簡略化というあい反する二つの改変は、古来世界中の作品にその例がある）。

このように初期経典は、すでにその形式上から、釈尊の四十五年間に及ぶ説法の時の推移を、完璧に捨象し無視し廃止している。

そればかりではない。経すなわち釈尊の教説の内容についても、右のような事情はいっさい変わらない。

しかしそのことは仏教徒―仏教信者にとってみれば、むしろ当然であるともいわなければなるまい。釈尊はその三十五歳と推定される成道の時点において、明らかにさとり、ブッダ（覚者）であり、如来《にょらい》（真実を体現したひと）であり、完成し、最高に達している。そして、そのさとりを他者に教え伝えるさいに、また問いを発するひとごとに、それぞれにふさわしいように具体化し、教説の内容にヴァラエティを付して、四十五年間説き明かしたまでである。さとりそのものは終始不動であり、説法にはその最初も中間も最後もあり得ず、諸教説に時を云々して前後を立てる、たとえば四十五年という時間経過による変更や発展などを史的に考察するというような浅はかな企《たくら》み自体が、元来ナンセンスということになるであろう。まさしくそのような企みのすべてを軽蔑し拒否して、初期経典は成立し伝承され編集されたといってよい。

五

それならば、初期経典のうちのパーリ四部・漢訳四阿含経は「仏伝」とは交叉しないのか。まったく例外的に、つぎの二つの経が「仏伝」に深くかかわる。

①パーリ『中部』の第二六「聖求《しょうぐ》経」(Ariyapariyesana-sutta)の後半(14)、漢訳『中阿含経』第二〇四「羅摩《らま》経」の半ば以降(15)。

②パーリ『長部』第一六「大パリニッバーナ経」(Mahāparinibbāna-suttanta)(16)、漢訳『長阿含経』第二「遊行《ゆぎょう》経(17)」。

右の二経を除けば、初期経典のうち、パーリ『小部』(クッダカ・ニカーヤ)以外のいわゆる四部(長部と中部と相応部と増支部)と漢訳四阿含(長・中・雑・増壱の各阿含経)とは、ごくわずかの箇所に、しかも断片的に、釈尊自身が往時を回想した物語に言及するにとどまる。すなわち、上述の四部四阿含に含まれる経は(たとえばパーリ『相応部』は計二七八二経、『雑阿含経』は計一三六二経という多数の経から成るにもかかわらず)、その経文に釈尊がみずからの生涯(のできごと)について触れることが、あまりにも少ない。したがって、経〔蔵〕は、「仏伝」に対する関心がきわめて薄い、と評せざるを得ない。

以下には、右の「仏伝」を語る二つの経について述べよう。

①の「聖求経」と「羅摩経」とは内容がほぼ一致する。後者の「羅摩経」は（　）に入れて、前者の「聖求経」の大要を記す。

世尊はサーヴァッティー（舎衛城）での托鉢から戻って、アーナンダ（阿難）と水浴。

そのあと、バラモンのランマカ（梵志羅摩）の草庵に入って、そこに集まっていたビクたちに説く、「二種の求め、聖なる求め（聖求）と聖ならざる求め（非聖求）とがある」「聖ならざる求めは生老病死憂汚を求める」「聖なる求めは生老病死憂汚の過ちを知り、ニルヴァーナ（平安・涅槃）を求める」という。「聖なる求め」のプロセスはつぎのように語られ、それが「仏伝」〔の重要な一部〕のおそらく古形とされる。

「青年のころ（二十九歳）出家。アーラーラ・カーラーマ（阿羅羅伽羅摩）に、ついでウッダカ・ラーマプッタ（欝陀羅羅摩子）に学ぶ。遊行。ウルヴェーラー村のセーナー村（欝鞞羅梵志村斯那）の川岸（尼連禅河岸）に坐禅。解脱（漏尽、無上正尽覚）。説法のためらいと梵天の勧め（羅摩経は欠）。説法決意。右の二師を思う。バーラーナシー（波羅捺）へ。ウパカ（優陀）に会い、『一切勝者、一切知者』（最上景勝、不著一切法）を宣言。鹿の園（鹿野園）で五ビクにニルヴァーナ（中道と八正道）を説法。五ビクの解脱。計六人の托鉢生活。説法の内容は五欲からの解放、降魔、四禅を含む九種の禅定と漏尽（羅摩経は四禅のあと漏尽、自在）」。

なお釈尊成道以前には「苦行」は触れていない[18]。

②は「ブッダの最後の旅」と邦訳される。最晩年の釈尊が王舎城を出てクシナーラーに入滅、荼毘と遺骨分配までを記す最もよく知られた経であり、漢訳は上記の「遊行経」のほか異訳六種があり、サンスクリット本（トゥルファン版）も近年公刊され、チベット訳本もある。

以上のすべては、後述の中村元『ゴータマ・ブッダⅠ』『ゴータマ・ブッダⅡ』に詳細な比較研究を経て邦訳により論述されている。

この①と②との二種（とくに①）には装飾が比較的少ない。

①は、出家―修学―解脱―転法輪と推移する（とくに漢訳の「羅摩経」は説法躊躇と梵天勧請にも触れない）プロセスに、いわば「仏法」（さとり）が釈尊の裡《なか》に生じて、解脱を達成し、その「仏法」が五ビクすなわち外《そと》の日常世間に釈尊自身から語り伝えられて、いわば仏教が世界一般に創始されたという、その全過程を、なんの神秘的な脚色も修飾も混じえることなく、むしろ淡々と説く。〔それ以降の釈尊の四十五年間の説法はすべて、信者たちにいわば公開されており、上述の四部四阿含に満ち溢れていて、仏伝は不要であろう〕。そしてラスト・シーンは釈尊の入滅であり、それをめぐって右の②が置かれてい

る。

以上を見れば、右の①と②とにより、先にも記した「仏伝」の核とされる四大事績のうち出生を除く三項、すなわち成道と説法と入滅が、各々の地名とともに過不足なく記録されている。

漢訳の初期経典について付言する。漢訳仏典の最良の蒐集である『大正新脩大蔵経』全百巻は、それまでのあらゆる大蔵経とは異なる独自の配列によって、編集されている。それは「阿含部」二巻と「本縁部」二巻とをもって始まり、この計四巻に、初期仏教に関連のある経典全部を収める[19]。

右のなかの「阿含部」は四阿含とその異訳経典とから成り計百五十一経（No. 1–No. 151）を、また「本縁部」（「本縁」とは卑見によれば「本生・因縁」の短縮であろう）は計六十八経（No. 152–No. 219）を収納する。それらのうち、「阿含部」のなかの各経は釈尊の説法を主体としており、たまたま上述の「八相〔成道〕」などを挙げても、それ以上の深入りはしない。そのあとの「本縁部」には「仏伝」および「仏伝」類を説いた経が集められている。

六

「仏伝」のほぼ理想に近い書物が中村元『ゴータマ・ブッダⅠ』『ゴータマ・ブッダⅡ』（中村元選集〔決定版〕第11巻と第12巻、春秋社、ともに一九九二年）として公刊された。ただしそれは以下に述べるように、「仏伝」ではなく、歴史上のひとりの個人である「ゴータマ・ブッダの伝記」（いわば「ゴータマ・ブッダ伝」）として、がとくに強調される。

この双書は本文だけでも「Ⅰ」は七七六ページ、「Ⅱ」は五〇六ページという大著である。おびただしい資料はすべて邦訳して掲載され、術語を回避した平易で判明な日常的な文章に終始しており、しかも諸データの蒐集は文字どおり徹底して行なわれ、数ある共通の諸教説の対照などには巧みな工夫が施されている。さらにこれまでに知られるあらゆる図像類（関連する美術作品や遺跡・建造物など）との対応が加えられ、また中村博士ご自身の度《たび》かさなるインド現地視察の旅における諸記録も随所にちりばめられている。

中村博士はこれまでに、

『ゴータマ・ブッダ（釈尊伝）』法藏館、一九五八年

『ゴータマ・ブッダ――釈尊の生涯』中村元選集、第11巻、春秋社、一九六九年

を刊行され、今回の三度目の双書によりその完成を見た、といってよいであろう（もっとも中村博士はこれまでつねに増補を絶やされたことがないので、「いちおうの完成」ほどに考えておられるにちがいない）。

右の著書すべてを含めて中村博士に一貫しているテーマに関しては、今回の双書の冒頭に「旧版　はしがき」がそのまま再録され、その最初につぎのように明快に述べられる。

過去二千数百年にわたってひろく人類の師として人々を導き、仏教の開祖として仰がれるゴータマ・ブッダ（釈尊）が実際にどのような生涯を送ったか、そのあとを能うかぎり明らかにしようとするのが、この書の目的である。

だからこの書は仏伝でもなければ、仏伝の研究でもない。いわゆる仏伝のうちには神話的な要素が多いし、また釈尊が説いたとされている教えのうちにも、後世の付加仮託になるものが非常に多い。こういう後代の要素を能うかぎり排除して、歴史的人物としての釈尊の生涯を可能な範囲において事実に近いすがたで示そうとつとめた。

そのために筆者は……むしろ原始経典自体のうちに出てくる事件の継起の記述を手がかりとして、経典自体の文句（つまり仏伝よりも古い資料）について、それに原典批判的検討を加えて、ゴータマ・ブッダの生涯の事実に肉迫しようとした。（以下略。傍点は原著。……は一行省略）

右の文の日づけは「一九六八年七月二十二日」であり、それはすでに「一九五七年一二月二七日」づけ（刊行は一九五八年）の上述の最初の書にも、その「はしがき」にまったく同一の文が掲げられている。

この趣旨にもとづいて、『ゴータマ・ブッダI』（〔決定版〕）の本文は、その「序」の「一　考究の方法」「㈠　仏伝に対する批判的検討」の冒頭からつぎのように記す。

人類の師と仰がれる歴史的人格としてのゴータマ・ブッダは実際にはいかなる生涯を送り、どのようなことを説いたのであろうか。（中略）

歴史的人格としてのゴータマ・ブッダが実際にどのような活動をし、いかなることを説いたかということを、学問的に正しく解明して、そこに通り流れていた精神を明らかにしなければならない。（以下略）

そのうえで神話的な釈尊ではなくて、歴史的人物としてのゴータマの生涯をわれわれはいかにして明らかにすることができるか？

という問いかけをして、以下の三種の方法を掲げる。それをごく短縮していえば、

（一）近代の学問の原典批判的方法。

（二）確実な証拠、すなわち考古学的ならびに地理学的・風土学的な資料や事実にたよる。……また仏蹟を実際に踏査した知識を生かして聖典の文句と照らし合わせる。

（三）ヴェーダ聖典（ウパニシャッドを含む）、ジャイナ教聖典、叙事詩『マハーバーラタ』や『ラーマーヤナ』、諸法典などとの対比。

以上の三つによって、

いずれかの仏伝を基準とするのではなくて、聖典のなかに断片的に言及されていることとを集めて、批判的に検討して、適宜に綴り合わせて構成することによって、歴史的人物としてのゴータマ・ブッダのすがたに近いものを構成することができるのではなかろうか。（以上は『Ⅰ』三〜一〇ページ）

そしてこの『Ⅰ』と『Ⅱ』との双書が徹底的にそれを実行した偉業として呈示される。

七

かなり以前、私も（いささか中村元博士に倣って）一九七九〜八〇年に、「ゴータマ学」(Gautamalogie) の語を提唱した経験がある。それにもとづく研究発表を比較思想学会において行ない、『比較思想研究』七号（一九八〇年十二月）に「仏教学―仏教とキリスト教学―キリスト教」という題で発表した。そして「仏教学とキリスト教学」という拙稿を『在家仏教』一九八〇年九月号に載せたところで、両者を合わせ統一し、「仏教学とキリスト教学」という拙稿にあらためて、それを拙著『仏教と西洋思想』比較思想論集3（春秋社、一九八三年）の第一篇第四章に掲載した（「ゴータマ学」の語はその拙著の八〇ページ）。

この「ゴータマ学」の語は、実は「イエス学」――正確にはヨシュア学（Josualogie）――との比較から生じた。その事情は、右の拙著にも記したとおり、一九七九年秋に暫時ドイツのミュンヘン滞在中にその地のキリスト教学者（カトリック、ドイツ人）との数回に及ぶ対論にもとづき、同年冬に帰国してからは別のキリスト教学者（プロテスタント、日本人）との対話により展開した。

「ゴータマ学」研究には、前節「六」の中村博士説（一）のいわれるとおり、何よりもまず初期仏教の諸文献の原典批判的研究が詳細かつ適切に網羅されなければならぬ。右の拙稿の直前（一九七八年）に公刊した拙著『初期仏教の思想』[20]は、私の手もとに集めた資料がいわゆる「思想」関係に偏していて、「仏伝」に関連するいわば「文学作品」にはほとんど及んでいない。その不足と欠落を自覚しつつ、一年間あまり試みたが、右の拙著（八二ページ）に記したように、「資料が多すぎ、大きすぎる」ために、結局は中途で断念したまま、現在に及ぶ。

それに対し、中村博士の上述の双書は、その厖大な資料を網羅し徹底し、そのうえさらに前節に記した（二）と（三）との方法論も駆使されている。

本稿は以上のような径路を経て、「仏伝」に関する私見を、とりわけ「ゴータマ学」研究のいわば全体的で方法論的な私の思索（従来のあまたの諸研究にはいまだに指摘されず特記されていない事項）を述べた。

以下に二つの私見を添えたい。

右に用いた「ゴータマ・ブッダ伝」（ないし「ゴータマ学」）と「仏伝」とを並置して、その根拠を探究して行くと、その深みには、カント『純粋理性批判』の後半に論述される「理念」（Idee）と「理想」（Ideal）との対比が浮上してくる。ちょうどその「先験的分析論」から「先験的弁証論」へと跨る分野であり、カントがおそらく同書において最も重視し熱中したテーマといってよいであろう。

それによれば、ゴータマ・ブッダそのものが、一方に「ゴータマ伝」（ゴータマ学）では「理念」として、他方に「仏伝」では「理想」として、それぞれのイメージにいわば先験的に内包されている、と評されよう。しかもややカントからは離れるが、そのような理念から理想へ、そして理想から理念へと転換するかのごとき作業を、現代の私たちは自分たちの一種の特権として享受し得るのではないか、と思われる。その場合にも、再びカントに返って、いわゆる「先験的仮象」（der transzendentale Schein）に依存するか、あるいはカントを非難攻撃する宗教哲学者のシュライエルマッハーが説く「絶対依存の感情」(das schlechthinnges Abhängigkeitsgefühl)に、さらにはルドルフ・オットーのいう「ヌミノーゼ」(das Numinose)に傾斜するのか、それとも第三の別の途を検索するのかなどの諸研究課題が私の裡にも生じてくる。この一部は、拙著『比較思想序論』増補新装版(春秋社、一九九四年)に載せた「〔付論〕比較思想の五種の類型」という拙稿の「4」に、それを「第五の類型」として触れたことがある。

最後に、インド仏教史における「仏伝」のその後の経緯について、私なりの考えを記しておこう。

「仏伝」は、本稿にすでに述べたとおり、当初は「賛仏」につづき、またはそれと並び、やがてはそれをとりこんで創作された物語〔の一種〕であり、いわば文学作品〔現代ふうにいえば「ノンフィクション文学」に近い〕であって、いわゆる史書ではない。釈尊入滅以後、仏弟子の数人や「長老」(テーラ、女性はテーリー)と呼ばれる出家者たちについても、同類の〔簡略に一部の〕伝記や逸話を含む物語作品が創られ、それらがいっそう潤色され膨張しながら伝来して行く。古い伝統的な「九分経」に加わって急激に発展する「ニダーナ」(因縁物語)と「アパダーナ＝アヴァダーナ」(譬喩物語)とがほぼその作品群を構成して、「経」のほか「律」や「論」にも組みこまれる。その二つは「ウパデーシャ」〈章句註解〉をも加えて「十二分経」として展開し、それらは大乗仏教を導き出す重大な誘因の一つともなり、さらにみずから大乗仏教の「経」や「論」のなかで大活躍を果たす。

広義の「仏伝文学」を創作した文学者たちは、ジャータカ、ニダーナ、アヴァダーナに含まれる多くの結晶を生む。それらが合流しつつ仏教に帰依した無名の詩人・文学者の活躍があり、その頂点にアシュヴァゴーシャ〈馬鳴《めみょう》、紀元二世紀〉が聳え立ち、かれのサンスクリット語カーヴィヤ調の『ブッダチャリタ』『サウンダラナンダ』という傑作が君臨する。ただしそれ以後、「仏伝文学」は〈仏教そのものへの民衆の興奮や関心の希薄化とともに〉沈滞ないし衰退へと向かう。

他方、ブッダに集注してきた「仏伝」そのものは、やがて宗教ないし思想の場に「仏身論」という形で転身をとげ、深い考察と熱い論議とが集注されて、後代に継承される。すなわち、右にも触れたように「仏伝文学」は大乗仏教興起にもかなりの影響を及ぼしたと考えられるが、それだけではなくて、新しく登場する大乗諸仏・諸菩薩のイメージづくりにさまざまに反映した。〈それが仏像や菩薩像の芸術品を産出する〉。そして大乗仏教中期に〈突如といってもよいほど巻きおこる〉いわゆる「仏身論」のとくに三身論・四身論へ、さらには密教の説く一種のパンテオン〈大日如来と大乗諸仏および眷属たちから成る。いわゆるマンダラ）へと連絡する、と私は考える。しかもそれはインド周辺に拡散して、見かたによれば、現代の全仏教圏の各所になおその底を流れているとも想定されよう。

註

（1）ゴータマという発音表記はいうまでもなくパーリ語の Gotama にもとづいており、当然のこととして、サンスクリット語の Gautama をどう扱うかの問題が残る。中村元『ゴータマ・ブッダⅠ』によれば、ヒンディー語でも、スリランカのシンハラ語でも、ともに Gautama と書いてゴータマと発音しているという（三二一ページ）。

しかしサンスクリット語一般では、-au- の発音は-アウ-とされており、Maurya はマウリヤ、Kauṭilya はカウティリヤなどの例が引かれよう。おそらくそのために、中村博士は右につづけていわれる、〈普遍的な名称としてはガウタマのほうが適当であるが、あえてパーリ語の「ゴータマ」を採用した。そのわけは、「ゴータマ」のほうが発音しやすいから、近づきやすい。また英語圏、フランス語圏の人々だったら Gautama と書いてゴータマと発音するであろう〉（同右）。

（ただしドイツ語ならば au の音は必ずアウであり、例外はない）。

ともあれ、たとえば現代インドの大哲人の Aurobindo Ghosh（1872-1950）は、中村博士説どおり、オーロビンド・ゴーシュと呼ぶ。私は知識も経験もすこぶる限られており、とりわけ発音（と表記）にはあまり自信がないので、本稿は中村博士にならい、ゴータマを採用する。

なおこの中村本の五三〜五五ページに「ゴータマ」の詳しい説明がある。

（2）　とくに中村元『思想の自由とジャイナ教』中村元選集〔決定版〕第10巻、春秋社、一九九一年を参照。その一六三ページ註7によれば、マハーヴィーラ（ヴァルダマーナ）の最も古い伝記は『アーヤーランガ』二・一五、つづいて『カルパ・スートラ』四七〜一四八という。また同書七〇一ページは「マハーヴィーラはすべての人の集いを形成した」という。

（3）　塚本啓祥『アショーカ王碑文』レグルス文庫、第三文明社、一九七六年。

（4）　静谷正雄『インド仏教碑銘目録』平楽寺書店、一九七九年。

（5）　宇井伯壽『印度哲学研究』第一、岩波書店、再刊本一九六五年、一三九〜一四〇ページ参照。

（6）　『ブリハッド・アーラニヤカ・ウパニシャッド』iv, 5, 15.

（7）　*v.* は *verse*（詩）の略、詩の番号を示す。なお『スッタニパータ』は全五章のうち、第五章が最古で、第四章がそれについで古い。あと第一章〜第三章が付随したという説が世界の全学界に有力である（詩について）。私の本文はその説に準じて配列記述した。

（8）　『ブリハッド・アーラニヤカ・ウパニシャッド』iii, 2, 13 ; iv, 4, 5.

（9）　nidāna についてグラスマンは、1) Band, Halfter, 2) Zusammenhang, Verbindung. またそれから〈Grundsache〉の解を示す —— Hermann Grassmann, *Wörterbuch Zum Rig-veda,*

Otto Harrassowitz 1976, S. 730.

(10) これらの「縁(起)」思想の研究が私の「初期仏教の縁起思想」研究を一貫しており、これまでに数編の拙稿を公刊した。

(11) ヨーロッパに知られた最初の「仏伝」はおそらくこのパーリ文「ニダーナ物語《カター》」からの翻訳であり、また後述する中村元『ゴータマ・ブッダI』もかならずこのパーリ文を邦訳して引用する。

(12) このパーリ文の……にその地名を入れる。『相応部』と『増支部』に含まれる経は、経の数があまりにも多いために、PTS本ではしばしばその地名のみ記して、この〈決まり文句〉を省く。それにしても、経は地名をかならず記載しており、地名＝場所に対する過剰なほどの重視にはいささか驚かされる。なお、これらの地名によりながら釈尊の四十五年間の説法の年代を探査する諸研究がこれまでに数多くあり、それらのいわば総括が中村元『ゴータマ・ブッダI』五三八～五四一ページに掲載されている。

(13) パーリ文のBhagavā、サンスクリット文のBhagavān、漢訳の「仏」は、『長部』『長阿含経』以外では、ときに仏弟子(たとえばアーナンダ)などに変わる例があり、その経ではおおむねその仏弟子などの教説を内容とする。

なお『長部』二三「パーヤーシ経」と「長阿含経」七『弊宿経』とは経の冒頭が右からの唯一の例外であり、パーリ文は「Bhagavā」に代えて、「āyasmā Kumāra-kassapo」とし、漢訳はたんに「爾時童女迦葉」の語で始まる。その経は、バラモンのパーヤーシが抱いた現世快楽説の邪見をクマーラ・カッサパが教化するという説話（PTS. *DN.* vol. II, p. 316. 大正蔵、一巻、四二中）であり、この迦葉の語に「今我師世尊滅度未久」といい（大正蔵、一巻、四六下）、内容が仏滅後であることを示す。

また『相応部』一二・六七「蘆束《ろそく》（Naḷakalāpiya）経」は、冒頭に「サーリプッタ（Sāriputta）とマハーコッティタ（Mahākoṭṭhita ビルマ版は Mahākoṭṭhika）」の二人のみが登場して、前者が後者に十支（老死～識）縁起説を教示する。このかなり詳しい経に「仏」は全然現われない（PTS. *SN.* vol. II, pp. 112-115）。これに相当する『雑阿含経』二八八経は、パーリ文と内容にほとんど変動はないが、ただ経の冒頭は「如是我聞　一時仏住王舎城迦蘭陀竹園　爾時尊者舎利弗尊者摩訶拘綺羅在耆闍崛山」といい、そこには「仏」の字があるものの、それ以下には「仏」の語は見えない（大正蔵、二巻、八一上～下）。なお、以上の十支縁起説の文および内容の比較などについては、拙著『初期仏教の思想（下）』レグルス文庫、第三文明社、一九九五年、六四三～六四五ページ、著作集第二巻、五六二～五六四ページ参照。

私はかつて、パーリ五部と漢訳四阿含とに含まれるすべての経について、その冒頭の箇所を蒐集したこともあるが、あまりにも煩雑すぎるので、ここには省く。

(14) PTS. *MN.* vol. I, pp. 164-175.
(15) 大正蔵、一巻、七七六上～七七八下。
(16) PTS. *DN.* vol. II, pp. 72-168.
(17) 大正蔵、一巻、一一上～三〇中。

（18）「苦行」（tapo, tapas または dukkara-kārikā, duṣkara-caryā）の語は、パーリ「聖求経」と漢訳「羅摩経」という短小で簡潔な「仏伝」を語る経では、釈尊の成道よりまえの文中には登場しない。しかし成道後の最初説法の聴聞者に釈尊が五ビクを挙げて、はるばる二百キロメートル以上も離れたバーラーナシー（の郊外のサールナート）まで赴いたその理由について、上の二経はつぎのように説明する。

「聖求経」Bahukārā kho me pañcavaggiyā bhikkhū ye maṃ padhānapahitattaṃ upaṭṭhahiṃsu : yan-nūnāhaṃ pañcavaggiyānaṃ bhikkhūnaṃ paṭhamaṃ dhammaṃ deseyyan.（精進に専念していた私に奉仕した五人のビクの群れは、私にとって大きく役立った。さあ、まず最初に私は五人のビクの群れに法を説こう。*MN.* vol. I, p. 170）

「羅摩経」―「昔五比丘為我執労多所饒益　我苦行時　彼五比丘承事於我　我今寧可為五比丘先説法耶」（大正蔵、一巻、七七七中）。

パーリ『相応部』の「悪魔相応」の「わな」（*SN.* I, 4, 1, 4-5. PTS. vol. I. pp. 105-106）とそれに相当する『雑阿含経』（一〇九四）（大正蔵、二巻、二八八下）には、成道のさい「苦行から解脱した」という。

またパーリ『中部』の「12　師子吼大経」（Mahā-Sīhanāda Sutta, *MN.* vol. I, pp. 80 f.）と「36　サッチャカ大経」（Mahā-Saccaka Sutta, *ibid.* pp. 245 f.）との二つの経は、「苦行」のさまを詳細に説明する。ただしこの二つの経は漢訳相当経典を欠く。

（19）ただし『大正新脩大蔵経』第十七巻「経集部　四」に収められた「756　本事経」など、ごく一部の例外がある。

(20) 拙著『初期仏教の思想』東洋哲学研究所、一九七八年。のちに特別な専門学者向けの一部を削除しあるいは加筆して、改訂新版を「レグルス文庫」三冊に収め、第三文明社から一九九五年に刊行した。著作集第二巻所収。

第七章　仏教教団とその成立

まえがき

この章は「仏教教団（サンガ saṃgha, saṅgha）」について、とくにその成立を焦点としつつ、初期仏教のサンガをめぐる諸問題を従来の諸研究とは異なる視点からも考察し、兼ねてサンガ一般に対する私見を明確にしたい。

前章も本章も、引用する資料は専門の研究者に熟知されているとはいえ、本研究はそれらの資料が往時に作成され伝承され編集されたその意図ないし動機を、ここにあらためて問い糺《ただ》して行くことを目標とする。

一

釈尊（ゴータマ・ブッダ）が誕生した当時のインド古代社会にはすでに、それ以前からの四姓（ヴァルナ、ジャーティ）と称されるカースト制度がほぼあまねく浸透し、また出家、出家者たちの集団、そして出家者およびその集団を支持し後援し帰依し奨励して寄進を怠らない在家信者の人々が、それぞれに場を得ており、そのような社会のスキーム（scheme 枠組組織）が成立し、それは広く公認されていわば慣習化されつつあった。

そのような社会のありかたは、最古層の仏典にもいささか窺い知ることができる。

本章のテーマであるサンガに関していえば、『スッタニパータ』の二つの詩（第**五六八**と**五六九**詩、以下は詩の番号をゴシックで示す）はつぎのように謳《うた》う。

五六八　火〔の供養〕は祭祀のうちの最上（mukha）、サーヴィトリ〔賛歌〕はヴェーダの詩のうちの最上、王は人々のうちの最上、大洋は河川のうちの最上。

五六九　月は星たちのうちの最上、太陽は光り輝くもののうちの最上、サンガは功徳を望んで供養する人々にとって最上。

これら二詩は『バガヴァッド・ギーター』中に対応する文があり、また右の『スッタニパータ』につづく諸仏典にも引用されていること、そしてこのサンガとはヒンドゥー教の出家修行者たちの集団をあらわし、サンガ崇拝がインド社会に流布し熟知されていた状況を二詩は物語ることが、すでに諸研究者により実証されている(1)。

なお、右の二詩を導く散文のまえがきは、師（バガヴァトすなわち釈尊）が長髪を結んだ行者（jaṭila）のケーニヤ（Keṇiya）に対してこの二詩を説いた、という。

二

出家の起原はおそらく、バラモン教―ヒンドゥー教のインド社会においてカースト最上位のバラモンの家系に属す人々がその生涯を四つの住期に区切るアーシュラマ（生活階梯）のうち、その第三の林住期と第四の遊行《ゆぎょう》（巡歴）期との生活様式にある、といわれる。それによれば、バラモン〔の男子〕は、少年のころの学生期にはブラフマチャリヤ（梵《ぼん》行《ぎょう》、欲望を絶つ清浄な修行）を厳守し、ヴェーダ聖典と祭式儀軌とを学習する。つづいて青年から壮年の家住期は結婚して家庭を営み家族を養いその繁栄を守り計《はか》る。その後はみずから継承しまたは築きあげたその家と財とを離れ、出家して林に入り林中に住んでひたすら解脱を求め修行に精励し専念する。そのなかでさとりを得てなんらかの力や技を獲得したのちに、各地を巡歴して人々にその教えを伝える、という。

このようなバラモンの第三期以降における出家修行者のありかたは、やがてバラモンだけではなく、カースト上位を占めるクシャトリヤやヴァイシュヤにも拡大して行く。〔釈尊もジャイナ教の開祖のマハーヴィーラ＝ヴァルダマーナもクシャトリヤ出身〕。さらに釈尊と同時代には、生活力を身につけた一部のシュードラもまた、この出家修行に加わるようになった、とされる。(2) なお、そのころの出家修行者には、バラモンの支配する祭祀万能に反逆してさまざまな自由思想を唱導する新思想家たちが輩出し、一般民衆社会もかれらを歓迎し受容した。

出家修行者は一般にシュラマナ（サマナ śramaṇa, samaṇa）と呼ばれ、「〔修行に〕努め励む人」を意味する。漢訳は「沙門」の文字を当てる。仏典や「アショーカ王碑文」などには「沙門婆羅門」という併記が目だつ。(3)

出家修行者は、釈尊が出家後はじめに訪ねたアーラーラ・カーラーマや、つぎに訪れたウッダカ・ラーマプッタのように、ただひとりの孤高を守るものもあり、あるいはたとえばサンジャヤ・ベーラッティプッタをはじめ六師外道と称される人々のなかに窺われるように、数人から数百人、千人を超える集団＝共同体を形成するケースもあった。後者の場合はひとりまたは数人のリーダーの許に結束して行動する。ただし全員がすでに出家を果たしていることは、特記するまでもない。

出家修行者は日常の世俗をまったく離脱しており、生産・加工・流通などの一般の産業活動にはいっさい係《かかわ》らない。ひたすら解脱を求めて修行実践に励む。当然、文字どおり清貧そのものであり、無一物といってもよい。その実践と教説とが在家者の信奉・帰依を集めて、日々の食事などの寄進を受けた。

こうして最初期の仏典以来、出家修行者は「〔食を〕乞う人」の語に由来するビク（bhikkhu, bhikṣu 比丘）と、在家信者は「〔近くに〕仕える人」の語に由来するウパーサカ（upāsaka 優婆塞）と称される。

なおパーリ諸仏典では、釈尊が出家修行者たちに呼びかける場合にのみ、その複数呼格（vocative, *pl.*）は bhikkhavo ではなくてマガダ語ふうの bhikkhave が使われ、逆に、出家修行者たちは釈尊に bhante（尊師よ）と応じて、マガダ語形を残す[4]。

また右にあげた語にそれぞれ女性形の bhikkhunī, bhikṣuṇī（比丘尼）や upāsikā（優婆夷）が加わる[5]。さらに出家と在家との男女を合わせた「四衆」（catuparisā, catuṣpariṣad）がサンガの内容とされる。

三

上述したように、出家修行者たちの集団は通常の一般社会各層からは独立した別個の共同体として承認され、さらには尊崇を受け信奉されて行く。そのために、その集団はいわゆる宗教的実践に深く結合した種々の諸行事を営むほか、その内部に独自の諸規定を設けて、日常社会から眺めてよりいっそう望ましいありかたを目標とする一種の自己管理を果たす。

それらの諸規定は二種、すなわち、①集団内の各個人が自発的に遵守する「戒」（sīla, śīla）と、②集団としての規定や規律をまとまりのある諸条項に定めて、その諸条項に違反する行為に対してはなんらかの罰則が加えられることを明示した「律」（vinaya）とがある。戒と律との個別の記述は本稿には省くが、それらの集団内部への浸透と徹底とは[6]、世俗を脱した宗教的真実を指示する教説とともに、その集団が確立し維持され繁栄する基盤でもあり、使命でもあった。

このことは初期仏教に、また同時代のジャイナ教やアージーヴィカ教においても最重要視された。この三教にバラモン教を加えた四種の宗教団体に対する尊崇と奉仕とを、「アショーカ王碑文」七章石柱法勅の第七章は銘記する。[7]

なおかなり古い時期〔アショーカ王以前〕から、出家修行者たちの集団（教団）の呼称は、仏教にはサンガ、ジャイナ教にはガナ（gaṇa）の語が用いられたらしい[8]。さらに付言すれば、右の第七章は「灌頂二十七年」と刻し、それよりかなり以前の「灌頂十三年」と記される十四章摩崖法勅の第五章は「諸宗派」に関連する「法大官の任命」を刻記する。[9]

インド〔と東南アジア各地〕は、北部のごく一部を除き、その地の特性により、ほぼ一年をとおして厳しい寒冷からは免れており、その地の出家者たちは、屋外でも樹下でも林中でも山間《さんかん》でも、何がしかの食さえいちおう足りていれば、生存に危険は〔ほとんど〕ない。かれらはまた、モンスーン期の約三カ月間、大雨と水難〔および繁殖する小動物への加害〕を避けて小屋に移り、そこにとどまる。この小屋は精舎《しょうじゃ》（ヴィハーラ vihāra）と呼ばれた。

精舎では同じ志の、同じ目的の人々と共同して、いっさいが顕わな団体生活と団体行動に明け暮れる。それは、そのメンバーの全員が相互に出会い、各人が各自の修行と教説とを再確認しつつ練磨し合うチャンスともなる。

また一般的に眺めて、この地域は肥沃な農地とありあまる暑熱と雨水とに恵まれており、食料生産はほぼ自給自足を上《うわ》まわり得たために、出家の乞食と在家の布施とはごく少数の例外を除いて普遍化した。

このような地域の風土や気象などが上述の出家というありかたについての論究に補足されよう。

四

最初期から初期にかけての仏教のサンガについて、その一面を考察する。

釈尊みずからその四十五年に及ぶ長い遊行の途次に、むしろその真先《まつさき》にラージャガハ（ラージャグリハ、王舎城）の竹園精舎と、やがては〔比較的早い時期に〕サーヴァッティー（シュラーヴァスティー、舎衛城）の祇園精舎との寄進を受け、少なくとも雨期にはそれらの精舎のいずれかにほぼ弟子たちとともに暫時逗留した。

前者は当時、最大最強のマガダ国ビンビサーラ王の、後者は大資産家のスダッタ長者の布施による。二人とも釈尊に対する傾倒と帰依にもとづく。おそらくこの二人は最初期仏教の在家信者の代表と見なされて格別に特記されたのであり、二人以外にも多数の在家信者がおり、精舎の寄進もあいついだにちがいない。右の二つの精舎のほか、ヴェーサー

リー（ヴァイシャーリー）をはじめいくつもの地名や精舎名が、いわゆる夏安居《げあんご》の場所として種々の仏典に伝えられる。(10)

釈尊の入滅後まもないころに、マハーカッサパ（マハーカーシュヤパ＝大迦葉《かしょう》）を中心として数多くの仏弟子たち（もちろん出家修行者）は仏教サンガとしてラージャガハの山上に集結し、釈尊が生前に語り説き示した教えと戒めとを全員の記憶から呼びおこしながら確認し合い、ともに等しく誦したという。アーナンダ（阿難）やウパーリ（優波離）がその誦出に活躍したともいわれる。これがいわゆる第一結集の史伝となる。

この史伝は、ごく一部に疑問視する向きもあるとはいえ、またそのさいの行事の実質が種々の粉飾に包まれてはいるものの、そのような集会が実際に行なわれた確率は頗る大きい。そしてこの結集は、おそらく短時日ではなく或る期間は継続したであろう。そのさいには、後代に伝えられる初期仏教の経蔵と律蔵との核となるようなもの、いわば原始経蔵と原始律蔵とが、或る程度はこの結集の内部で検討されたであろう。〔現存の経蔵と律蔵とは、第一結集より少なくとも百年以上ののちの根本分裂とさらにその後約二百年に及ぶ枝末分裂とののちに、各部派ごとに編集・作成されたことは、すでに周知されている〕。

モンスーン期間中の短期の夏安居だけではなくて、特定の地の特定の精舎における仏教サンガの常住ないし定住は、おそらく釈尊入滅後のかなり早い時期に始められたのではないか、と私は推測する。

仏弟子たちを含む出家修行者たちの共同体すなわち仏教サンガが、特定の地の特定の精舎に長期間とどまり、そこ・それを根拠地として修行実践に集注するようになる。そのことを専門的な術語で換言すれば、いつどこからでも修行者が自由往来して居住の任意な「四方サンガ」が、或る区域内の或る特定の人数に限られる「現前サンガ」に移行したことにほかならず、しかもそれが固定して行く。

そのサンガをとりかこんで出家修行者たちに帰依し支援するその地の在家信者たちは、日々の食（午前中におおむね一回ないし二回）の布施を継続し、ときにその精舎を守る。あるいはたとえば「八戒斎（または八斎戒）」の名で知られるように、ウポーサタ（uposatha 布薩《ふさつ》）と称する出家修行者たちの行事を見ならうことなどによって、その地域全体の平安無事が計られ生活倫理が昂《たか》められ宗教心が固められ、それらは共同体意識を育成し強化した。

こうして仏教サンガは、その地域住民が要望して不可欠とされる宗教集団へと進展し、たんなる集団から教団として整備され、その教団内の規律も充実し安定して自立し、広く社会全体の尊崇を集める。そしてそれが初期仏教の確固たる拠点となる。さらに一つの拠点にもとづいて、それにつづくつぎの拠点づくりへと進行する。

初期仏教の普及と拡大・繁栄へとつらなるこのような潮流が比較的短期間に急展開したであろうことは、ほとんど疑問の余地がない。

つぎの二項を付加しよう。

①精舎の原語であるヴィハーラ vihāra の語根は vi-hr で「居住する」を意味する。

②サンガ内の出家修行者は、いうまでもなくすでに家を離れて独身であり戒律を厳守する以上、その子はあり得ない。当然そのサンガを継承する次世代は、在家信者みずから、もしくは信者の子が出家を発心・志願して受戒し修行を積み重ねて受け嗣ぐ。出家者はいわばその人一代かぎりであり、サンガは人＝後継者に関しては在家信者に全面的に依存しつつ維持される。サンガはつぎつぎと在家信者からの出家伝承者を迎え入れるという組織がそのまま継続して慣習化され、それは現在も変わらない。〔全仏教史において日本仏教だけが例外的に、中世以降の一部に宗祖の血統信仰を生み、近—現代になってからはいわゆる寺族が一般化する〕。

聖職者（神父）の独身制は後述するキリスト教においても同様であり、カトリック系はいまもそれを伝統とする。ただし十六世紀初期に宗教改革を進展させたプロテスタント系では、ほとんどの牧師が結婚して家庭を営む。なお、キリスト教聖職者の独身ないし結婚に関して『聖書』には格別の記述はない、というのが定説とされている。

以上は、前章の「まえがき」の②に記した「出家修行者たちを中心とする自立した集団すなわち〔やがて〕サンガと称される仏教教団の確立」について論述した。

五

サンガ（saṃgha, saṃgha）の語は「集まり、群《む》れ、集団」をあらわし、漢訳仏典はしばしば「衆」（または「聚」）と訳し、また多くとくに玄奘以後は「僧伽《そうぎゃ》」の音写を用いる（この「僧伽」を略した「僧」については後述する）。またサンガは古代インドにおいて政治的には「共和国」を、経済的には「ギルド＝組合」を意味したという。

これらの「共和国」「組合」はともに、現代ふうにいえばそのメンバー全員が参加し共同して運営するいわゆる民主制的な組織をモットーとしており、強権や専制―独裁の臭気を嫌悪し排除する。釈尊はいわば仏教サンガの創設者でありリーダーではあったが、たとえばみずから食施を乞う先頭に立つなど、サンガ全員の協賛と和合を重視し評価し奨励した〔であろう〕場景が、初期の仏典の各所に散見される。そのような雰囲気とサンガの語とは共鳴し合う。またこうした理由から、サンガの漢訳に「和合衆」の語が広く知られる。

すでに例示したとおり、『スッタニパータ』にサンガの語の単独で孤立して用いられる例は一つ、第**五六九**詩があり「ヒンドゥーの行者の集団」をあらわす。このほかには、本節の末尾③に後述する同書「第二」の「一」（第**二二四**～**二三八**詩）を除くと、以下の五種のサンガの用例があり、それらはすべて複合語の後分に置かれる。すなわち、

四二一　象の群れ（nāgasaṃgha）
五五〇　サマナの集団（samaṇasaṃgha）
五八九　親族の人々（ñātisaṃgha）
六八〇　神々の群れ（devasaṃgha）
一〇一五　ビクの集団（bhikkhusaṃgha）(11)

以上の五詩には「仏教サンガ」を格別に特筆するような気配はきわめて希薄であり皆無と評してもよい。

このように『スッタニパータ』では特別の術語としては扱われることの少ないサンガの語が、ほぼ等しく最初期の仏典の一つと見なされる『ダンマパダ』には、完全に仏教独自の用語としてつぎの三つの詩に登場する。

一九〇　仏と法とサンガとに帰依する（Yo ca Buddhaṅ ca dhammaṅ ca saṅghaṅ ca saraṇaṃ gato）

一九四　諸仏の現われるのは楽しい、正しい法を説くのは楽しい、サンガが和合するのは楽しい、和合している人々の修行は楽しい（Sukho Buddhānaṃ uppādo, sukhā saddhammadesanā, sukhā saṅghassa sāmaggī, samaggānaṃ tapo sukho）

二九八　ゴータマの弟子たちは…昼も夜もつねにサンガを念じている（...Gotama-sāvakā, yesaṃ divā ca ratto ca niccaṃ saṅghagatā sati）〔なおこの「サンガ」の語の箇所に、二九六詩は「ブッダ」（Buddha）を、二九七詩は「ダンマ」（dhamma）を、二九九詩は「身体」（kāya）を置き、その他はまったく同文〕。

右の三つの詩はともに、いわゆる「仏と法と僧」という三語ひと組の、仏教の鍵《キイ》となる最重要術語を形づくる。

この「仏・法・僧」の三語ひと組の術語について、以下の三点を特筆したい。

①後述（パーリ『律蔵』「大品」冒頭の二十四節）するように[12]、まず釈尊の成道があり、そのあとそのさとりの内容はベナレス郊外サールナートの「鹿の園」（ミガダーヤ）において五人の出家修行者に対し釈尊の口から説かれた、とされ、この最初説法（初転法輪）をもってはじめて、仏教はこの地上（人類の歴史といってもよい）に誕生した、それが仏教そのものの始元である、とされている。

しかしながら、パーリ本はもとより多数の仏伝諸本[13]は、その五人に出会う以前に、成道の地ウルヴェーラー（＝ブッダガヤー）にはじめて釈尊を訪ねて成道直後の釈尊に帰依し多少の食を寄進した二人の商人の話を伝えており（ただしここにはまだ釈尊の説法は全然ない、それよりも、釈尊に説法の意図の有無も未だ明らかではない）、そこでは二人の「尊師（バガヴァト）と法（ダンマ）と」に対する二帰依（dvevācikā）を物語る。その後に種々の経緯があってからのちに、上述の五人への説法を迎え、五人はそれを聴聞して、まずひとり、ついで二人、あとから二人が受戒し仏弟子となって、ここに「六人の群れ」（chavaggiya, chabbaggiya）がつくられる。

つづいてそのベナレスにおいて、釈尊の教説を聞いた良家の子ヤサが第六人目の出家修行者となり、その前後にヤサの父、あと母、そしてヤサの出家までの妻との計三人が「尊師と法とビクサンガ（bhikkhusaṅgha）と」に対する「三帰依」（tevācikā）を唱えて在家信者となる。

パーリ文のみはさらに右のあとに、この「三帰依」を、「尊師・法・ビクサンガ」（bhagavat, dhamma, bhikkhusaṅgha）から、「仏・法・僧」（Buddha, dhamma, saṅgha）の語に変更する（それによって後代―現代の用語に継続する）[14]一文を挿む。

なおこのような「二帰依」から「三帰依」へというプロセスに関して、かつて私は論じたことがある[15]。

②「仏に帰依する、法に帰依する、僧に帰依する」という定式は、おそらく初期仏教のかなり古い時代にいわゆる「決まり文句」として定着する。そしてそれを三回くり返して口に唱えることを「三帰三唱」と称して、それが〔出家と在家との別なく〕仏教徒であることの宣言―表明に決定される。

この「三帰〔依〕」の口誦は、その後も延々と受けつがれてそのまま現在にいたる。仏教が古代インドに誕生し、長い歴史の間に種々の展開をとげて、中国を主とする東アジア、東南アジア、チベット、朝鮮半島、日本などに普及し、最近の百数十年間には世界の各地に伝えられ、アジアのみならず、ヨーロッパや南北アメリカに、いわば世界全域に拡散し流入する。当然のことながら、地域により風土により伝来した各地のそれまでの伝統や習俗により、また年代や歴史などによって、仏教そのものの実際のありかた、とらえかた、重視する教説、実践修行の項目や方法、儀礼などには、かなりのヴァラエティがあり、集約していえば仏教受容の変貌は著しい。

そのような現実に見られる仏教そのものの相異や変動のなかで、仏教信奉のスローガンとして統括され一貫しているのが、ここに掲げた「仏法僧への三帰依」であり、換言すると、西暦二十~二十一世紀の現在ただいまも、この「三帰」を口に唱え合って、仏教信者は相互に交流し和合する。(16)

「三帰」は何はともあれ、仏教徒であることの基本的な徳目であり、そのことは歴史を貫いて変わらない。

③「仏と法と僧」の三つはほぼ最初期の仏教以来、それぞれが「宝」（ratana, ratna）として尊崇の中心となり(17)、やがては「仏宝と法宝と僧宝との三宝」と称され後代に伝わる。この「三宝」（ratanattaya）という基本的標識は仏教全史に通ずる。

その最も古い用例が『スッタニパータ』「第二」「一、宝経」（ratanasutta）と称する経群（第二二四〜二三八詩）にある。すなわち、

二二四　この勝れた宝は仏にある（idaṃ pi Buddhe ratanaṃ paṇītaṃ.）〔**二三三**と**二三四**とに同文〕。

二二五　この勝れた宝は法にある（idaṃ pi dhamme ratanaṃ paṇītaṃ.）〔**二二六**に同文〕。

二二七　この勝れた宝は僧にある（idaṃ pi saṇghe ratanaṃ paṇītaṃ.）〔**二二八〜二三二**の五詩と**二三五**との計六詩に同文〕。

さらにつぎの三詩が並ぶ。

二三六　私たちは仏を礼拝しよう（......Buddhaṃ namassāma......）.

二三七　私たちは法を礼拝しよう（......dhammaṃ namassāma......）.

二三八　私たちは僧を礼拝しよう（……saṅghaṃ namassāma……）.

なお、この「三宝」が上記の②に記した「三帰〔依〕」と表裏をなすことは、付言するまでもない。

六

右の節にはサンガの訳語として「僧」の一字を用いた。そのなかに述べたように、サンガの漢訳はしばしば「僧伽」の音写文字が当てられ、その二字のうち下の「伽」を外《はず》して「僧」とするという古来の慣用にもとづく。

漢字の研究者(18)によれば、「僧」の文字も「伽」の文字も、サンスクリット語が中国に伝来したさいに、その発音に合わせてあらたにつくられた文字（形声文字に属す）であり、またサンガの語は、後漢では「桑門」と、三国時代以降に「僧伽」と訳された、という。

日本では「僧伽」を「そうぎゃ」と読む。それを略して「僧」の一字とし、さらに「仲間」を意味する「侶」の文字が付されて「僧侶」ともいう。

もちろん、「僧」の語がサンガに相当して、仏教の出家修行者たちの集団をさすことは熟知されている。しかし同時に「僧」も「僧侶」もその集団内の単独のひとり、出家修行者個人をあらわす。むしろこのあとのほうが頻度は高いといってよい。

日本語の一般の例として、たとえば「隊」を付して集合名詞化した場合、それが「ひとりの兵隊」と単数扱いされ、またたとえば「たち」や「ども」を付して（わたくしたち、わたくしども）複数形を示すが、同時にそれも「ともだち」や「こども」のように単数の「ひとり」にも用いられる。そのような例に見られるように、「僧」（「僧侶」）も、ひとりでもよく、複数でもよく、集合名詞の仏教教団にも通ずる。

以下には右のような日本語文法ふうのことからではなく、その実質的な内容についての卑見を述べる。

人はかならずいずれかの集団の一員として生まれ生き死ぬ。もとよりその人が属す集団そのものはたえず（といってもよいほど、さらにはその実質や機能などが時間的にも空間的にも）変化し異動する、それでも人はつねに或る集団生活のうちにある。

一時的にいっさいの集団を離脱してただひとりの個人のまま暮らすというケースも、考えられないことはないし、人によっては経験され〔得〕るであろう。とはいえ、それは実は〔架空とはいわないまでも〕想像上の例外であって、人はなんらかの集団に属しているという現実から離脱できない[19]。

人と集団とが不可分につながりどうしても切断し得ないところから、人は、自覚すると否《いな》とにかかわらず、またいかに拒絶し否定を重ねても、その人の属す集団をなんらかの意味で大なり小なりに代表し、ないしはその代理となる。

とりわけその人がみずから進んで或る集団に入り、その集団内に生き、その人とその集団とが積極的に密につながりほぼ一体化している〔ような〕場合には、その人をもってその集団を、また逆にその集団をもってその人を指示することは当然となる。

仏教のサンガ―僧はまさしくこの後者のようなケースに当てはまり、またそのような例はいつでもどこでも日常的に出会う。以上をひとことでいえば、「僧」の一字は、〔特定の〕仏教教団を指し、またその教団内の個人をあらわす。

なお「個人と集団」論は一般的な哲学のテーマとしての「部分と全体」説にも関連しよう。それは「部分と全体という関係」論を展開することになる。

付言すれば、上述のように仏教サンガがたんなる集団から教団となり、特定の教説〔さらにそれが論蔵を生む〕と戒律とのもとに自立して宗教的実践が集約されて行くと、教団の独自性は強化され、そしてそれがかえって教団の分裂を導くことにもなる。〔また仏教のインド全土への拡大とともに、地域ごとの特性も教団分裂の要素の一つとなる〕。[20]

釈尊の入滅後約百年（別説約二百年）に仏教サンガの根本分裂があり、つづく約百年間には進歩派の大衆部内に、そのあと約百年間には保守派の上座部内における枝末分裂がおこって、諸部派へのサンガ分裂（saṅghabheda「破僧」という）[21]が継続して発生し、釈尊滅後の三百年（別説四百年）ごろまでに成立した二十部あまりの部派名を諸資料は伝える。

この史伝は見かたによれば、それだけ教団のエネルギィが旺盛であり充溢していたことを物語り、インド中期仏教の隆盛と繁栄との反映とも解されよう。

七

現在にいたる約二千五百年間の仏教全史を支える軸ないし核が、一貫して「仏法僧の三宝」にあることはすでに繰り返し述べた。

その「三宝」を現実の世界・日常の社会に適応して機能させ、守り、支え、伝えた中心には、持続されたサンガの貯えた宗教としての伝統があるのではないか、そしてそのサンガの継承が仏教の基盤ではないか、と私には思われる。

換言すれば、サンガは精舎、ストゥーパ、学舎、パゴダ、洞窟僧院、寺院などの居住兼修行学習実践の場である建造物（大小や形態や数は多種多様）を設けながら、それをとりまく一帯を聖域として守り、サンガ内部の律蔵などを各自に堅持して、宗教としての仏教の拠点を確保し、それを持続して風土ごと時代ごとに活き、次代への伝承に励む。

このような事情は、他の宗教においてもほとんど変わるところがない。

キリスト教は、ナザレ・イエスの磔刑《たっけい》のあと「キリストであるイエス」の復活を信じてやまない人々が集まり、なかでもペテロはエルサレムに原始キリスト教会を、パウロは東《ひがし》地中海沿いの各地にいわゆる異邦人キリスト教の教会を築き、殉教も惜しまぬ幾多の使徒たちのローマへの伝道活動は地下（いわゆるカタコンベ）に潜ってまでつづけられる。ローマ帝国の錯綜し混乱した政治情勢にまきこまれつつ、なんらかの教会を拠点とするキリスト教の布教は、三百年に近い年代を刻む。

ようやくローマの国教としてキリスト教が公認されたのはコンスタンティヌス帝在位の西暦三一三年であり、以後あるいは速く、あるいは徐々に、ヨーロッパ世界に拡大し浸透する。

キリスト教には東と西との分離があり、それぞれに展開をとげたなかで持続もあり発展もあり衰退もある。西キリスト教は中世から近代への移行期には、プロテスタントたちによる基本的な分裂をひきおこして、長期に及ぶ宗教戦争にも見舞われる。新天地の南北アメリカ大陸（ときにはアジアやアフリカの一部）などへの開拓も、キリスト教諸派の宣教師たちが先導した。

それらを経ながら、キリスト教の教会の伝統は、一部に栄枯盛衰を免れ得ないとはいえ、宗教という役割を担って活動をつづけ、あるいは直接に政治と交錯する例もあり、あるいは政治からは切り離され遠ざかって、今日に及ぶ。

なお、仏教のサンガと一脈の共通点をもつ組織として、キリスト教の修道院があげられよう。修道院は、世俗を放棄して宗教的な理想を掲げ、禁欲と戒律とにしたがい、いわば孤独の放浪のうちに山頂や洞窟などに居住して修道に明け暮れた隠修士に始まり、やがては定住地に共同生活を営むようになる。修道院の組織は「ベネディクトゥスの戒律」制定(五三九年)によって確立された[22]。カトリック教会に属すいくつかの修道会[23]が生まれ、それぞれの会則を厳守する共同体として行動し、修道士の養成のほか、学校教育・学術研究・福祉活動などに多大の貢献を果たして現代にいたり、今日ますます全世界の人々の耳目を集めている。付言するまでもなく、修道女の修道院もよく知られており、自立して、従順・貞潔・清貧を守りぬき、祈りのなかに社会福祉をリードするものも少なくない。

現在は世界に修道女が約百万人、修道士が約三十万人という。

宗教は「聖」(ariya, ārya : holy, heilig など)の語[24]を冠して、いわば超越的な世界に係《かか》わる。しかも宗教―仏教のサンガ、キリスト教の教会は、「俗」の日常社会に支持されて、諸行事を具体化し現実化する(25)。

人類は「聖」なる宗教によって浄化されまた慰安され鼓舞され癒《いや》しを受け、崇高・荘厳・安息・勇気・平静・寂静などをそれぞれに体験しつつ、慈愛・休息・達成・息災・超越・解放・救済・再生・連帯・安楽・平安を希い望む、以上に論じてきた仏教のサンガあるいはキリスト教の教会に、いわゆる進歩よりは、むしろ安らかな魂の故郷としてありつづけて欲しい、そのように人類は祈願している、そしてその宗教に、諸イニシエィションや冠婚葬祭をはじめとするさまざまな儀式儀礼などを信託してきて、それは今後も継続されるであろう、と私は思う(26)。

註

(1) 水野弘元訳『経集』(『南伝大蔵経』第二十四巻)二一八～二一九ページの註14と15。中村元『ブッダのことば』岩波文庫、一九八四年、註三五三ページなど。

(2) 赤沼智善「釈尊の四衆に就いて」は、釈尊の四衆である出家修行者と在家信者との男女の計一一六〇人について、その出身カースト別および地理的分布を列挙して示す。赤沼『原始仏

教之研究』破塵閣、一九三九年、三八三〜四三〇ページ。

（3）アショーカ王碑文には bāmhaṇa-samaṇa, baṃbhana-samana, bramaṇa-śramaṇa（*skt.* brāhmaṇa-śramaṇa）; samana-baṃbhana などのように「婆羅門・沙門」とある。これらについては塚本啓祥『アショーカ王碑文』第三文明社、レグルス文庫、一九七六年、訳註一五二ページに詳しい。さらに中村元『インド史Ⅱ』（中村元選集〔決定版〕第6巻、春秋社、一九九七年）は「第四編　統一的官僚国家――マウリヤ王朝」の「第五章　諸宗教」に、「一　宗教者」「㈠シャモンとバラモン」〜「㈤シャモン」を設けて、インド諸資料のほか、メガステネースの記述を詳細・綿密に紹介し論究している。またこの書には「〔付篇三〕アショーカ王詔勅の邦訳」が掲載され、徹底した検討が加えられている。

（4）水野弘元『パーリ語文法』山喜房佛書林、一九五五年、§4⑫を参照。

（5）出家者は以上にあげたビクやサマナのほか種々の名称で呼ばれた。塚本啓祥「仏教・ジャイナ教の発生基盤とその形成」（『東北大学文学部研究年報』第三十二号、一九八三年度）は、パーリ語とアルダマーガディー語とをペアにして計十二種の名称を列挙し、それぞれについて詳細に論ずる。この論文はさらに「遊行者の共同体」「教団形成の動機と契機」「教法の特殊化」に及ぶ。

（6）律（ヴィナヤ）の整備はとくに内外から注視された。たとえば「アショーカ王碑文」小摩崖法勅（バイラート法勅）第三章は、王の仏教帰依につづいて、その「法門」（dhaṃnapaliyāya）の七種の第一に「ヴィナヤ（律）における最勝の教え」（Vinaya-samukkhase）を掲げる。塚本、上掲書、一二一ページ、訳註一八一ページ。なお中村、上掲書、四〇五～四〇九ページ参照。

(7) 中村、上掲書、第五章の「三　アショーカ王の宗教政策」の「㈤信教の自由」、四〇九～四二二ページ、また六七四ページ。塚本、上掲書、一三三ページ、訳註一八九～一九〇ページ。

(8) この法勅の第七章には仏教教団をたんに「サンガ」(saṃgha) と記す。塚本、同上。

(9) 塚本、上掲書、九〇～九一ページ、訳註一五六ページ。

(10) 釈尊の四十五年間の安居の場所に関する古伝・伝承・資料群をめぐっては従来多くの研究があり、それらを総合してリストに掲げているのが、中村元『ゴータマ・ブッダⅠ』、五三八～五四二ページ。

(11) 第**四二一・五五〇・五八九・六八〇**の四詩は〈第三章　Mahāvagga〉に、第**一〇一五**の一詩は〈第五章　Pārāyana-vagga の序〉に属す。

(12) この箇所は次章に詳述する。

(13) この二人の商人の供養に関する伝説は、中村元『ゴータマ・ブッダⅠ』四三四～四四三ページとその註1に詳しい。

(14) この一文はいうまでもなく後代の挿入であり、パーリ文の原典の編集時あたりに増補された一例にほかならない。

(15) 拙稿「ブッダの根本義と大乗諸仏の出現」(『仏教』第一号、法藏館、一九八七年十月、五八～六八ページ)。この拙稿は本書に「第四章　ブッダと諸仏」として転載。

(16) この「三帰(依)」の文は、パーリ語、サンスクリット語、チベット語、漢訳、種々の邦文、英訳などを、中村元・三枝『バウッダ・佛教』(小学館ライブラリー、著作集第三巻に所収)の末尾に掲載し、全文にルビを付した。

(17) 中村元「三宝」(前掲、『バウッダ・佛教』の「第一部」、とくに小学館ライブラリー本の一五~一七、二四~二五ページ)。

(18) 藤堂明保編『学研漢和大辞典』学習研究社、一九五六年、一〇刷、九四ページと六〇ページなど。

(19) かつて和辻哲郎『人間の学としての倫理学』は、「ひと」という語の検討から開始し(「人間」の語は、仏教の説く「輪廻」において、そのなかの「五道」説から造語された)、人の属す共同体(共同態)を遡って、倫理学のありかたを強調した。それは一言にまとめれば、近代的自我を確保する個人に立つカント哲学から、それを厳しく批判しつつ国家ないし社会へと拡張させたヘーゲル(さらにフォイエルバッハ、マルクス)哲学への、和辻博士の転換と称された。この本は岩波全書、昭和九(一九三四)年三月。かつてよく熟読したが戦災に焼かれ、いま私の手許にあるのは、昭和二十一(一九四六)年三月、第一五刷。

いうまでもなく、戦後の現在は、国家(社会体制)の枠をいちおうは維持しながらも、(やや正体不明の)民族へ、部族や人種や人類へ、また地域、世界、地球、環境、宇宙へ、あるいは文化、文明へ、もしくは個人の生、死、生命などの問題へと、倫理学のテーマの変貌はあまりにも著しく専門家も戸惑いしているかに見える。

(20) 仏教のサンガは『ダンマパダ』編集作成時にはすでに確立しており、サンガ内の出家修行者に対する戒めを、この古典は説く。その一例として第七三詩を引用する。

「偽わりの名を願う（愚かもの）あり　はた　修行者のなかにて　上位たるを　はた　僧院（āvāsa）にありて　権勢を　はた　他処に行きては　供養をば（願う愚かものあり）。」

(21) saṅghabheda を「僧伽破壊」とする例が多い。しかし破壊者と破壊を受けた側の自己防衛者たちとの二つが破壊のあとにも両立するという結果によって、それを分裂と称する。

(22) 修道院はエジプトが起原。創始者とされるアントゥニウス（二五〇～三五〇ごろ）は荒野を放浪したという。ヌルシアのベネディクトゥス（四八〇～五四〇ごろ）の「戒律」制定により西方教会に根をおろす。ゲルマン人の大移動に始まる中世前期のいわゆる文化的暗黒時代に、古典文化の伝統の唯一の保持者を自負する。

(23) 修道会はローマ・カトリックに属すが、聖公会やプロテスタント系にも少数ながら修道会はあるという、『世界キリスト教百科事典』教文館、一九八六年、九六七ページなど。

(24) 「聖」の語については拙稿〈「聖と俗」に関する比較思想〉（『日本仏教学会年報』第五十九号、三〇九～三二二ページ。また『仏教における聖と俗』平楽寺書店、一九九四年）に詳述した。著作集第八巻所収。

(25) このことはいわゆる民族宗教、日本においては神道についてもまったく同じ。ただしイスラームに関しては、私はわずかに数冊の書物を読みデリー（Old Delhi）のモスクなどを見物したにすぎず、聖職者の知己もいないなどの理由から発言できない。

(26) 宗教そのものを敵視し否定しようとした二十世紀のコミュニズムは、擬似宗教的なイデオロギーのもと、人類の平等（機械的均等）という理想を掲げながら、基本的な自由も人権も守られず、内実は独裁専制が強行されて、恐怖政治が蔓延・拡大し、計画経済は頓挫・破綻し、絶望的な失敗に終わった、と評されている。

第八章　パーリ『律蔵』「大品」を読む

まえがき

この章はパーリ『律蔵』「大品」を、なかでも或る特異な箇所とされているその冒頭の第一節〜第二十四節を、ここにあらためて考察し、その内容と構成とに着目して、この計二十四節の文が、どのような意図・動機・事情のもとに作成され成立したのであろうかを探究し、そのなかに「大品」の全体像を照射させて解明する。

すでに本書の〈第六章「仏伝」について〉の「まえがき」〔の後半〕に記しておいたように、この計二十四節の文は、従来もっぱら「仏伝〔の一部〕」ないしは「律蔵の仏伝」[1]と見なされ、そのように呼ばれ扱われてきて、まさにそれ故に広く知られる。

しかしながら、私のこの研究は、これらのこれまでの〔一種の〕定説に敢えて異を称え、この文は実は当初は「仏教教団の成立（史）のニダーナ（nidāna 因縁物語[2]）」を目ざし、そのような意図・動機のもとに作成された〔それを必要とするなんらかの事情が当時あった〕、その後それに増広などが施されつつ、やがて編集され、それがそのまま伝承されてきたのではないか、という卑見をここに呈示する。そのために、以下に資料を引用し問題点を指摘して論究する。

くりかえしていえば、ＰＴＳ本で計四十四ページ（Hermann Oldenberg. *Vinaya Piṭakaṃ*, PTS. Luzac, 1969：vol. I, pp. 1–44）を占めるこのパーリ文は、釈尊を主人公とし釈尊がほぼ全体の主語の役割を果たしているとはいえ、その釈尊の生涯ないしその一部を描こうとしているのではない。そうではなくて、この文全体は、釈尊がどのような動機から、どのようにしてどのような教説を人々に語りつつ、もっぱら共同体をどのように形成し、ないしは仏教教団を創設し確立したかというテーマを中軸に据え、その間の一連の情況やできごと〔とこの文の作者が構想した内容〕を逐次叙述することによって、逆に、サンガ成立の正当かつ充分な手つづきと過程とを物語る最も重要な典拠として、すなわちサンガ設立のニダーナとして創作された。しかもその作成当時に伝えられていた〔ないしは作者が強く意識した〕釈尊の諸事績のなかから、特別に釈尊による仏教教団創立ということがらのみに限定して、この作品の少なくとも原型が創作されたのであろう、と私は考える。

そしてそれをより鋭く穿って追究すれば、つぎのように換言される。釈尊の滅後すでに長い年月を経て、諸部派がその仏教をそれぞれに守り伝え拡げるなか、現に活躍・発展中の或る特定の部派（＝ここでは上座部）が教団《サンガ》の成立時を回顧しつつ、サンガそのものの正統性と妥当性とを物語り主張するという目的をもって、このテクストの原型を、やがては現存するテクストをつくりだした、その「因縁物語」（ニダーナ）が、この「大品」の計二十四節にほかならない、と考えられよう。（このような一種の「史（書）」の作成を、人類はかつていたるところで行なってきたし、今後もつづけるであろう）。

さらに付言すれば、このパーリ文（経蔵とは異なって当初の原語は不明）[3]の原型は、その文中の釈尊にさまざまな付加〔とりわけ賛仏より発した多彩なデコレィション〕を増幅させ、また〔この文におそらく先行した〕経蔵において説かれた種々の仏語または仏説〔と信じられていたデータ〕から最適〔と見なされた〕の教説・教理を選択して採用し[4]、まさにサンガのニダーナにふさわしいテクストとして完成されたのであろう、と考えられる。

この「サンガのニダーナ」は、ほぼ同時代に併行して盛りあがっていた「仏伝」創作にも対応した結果、「仏伝」の資料の探索にまで乗り移って行き、それほど変形されることなく、諸「仏伝」にそのまま転用され、ないしは諸「仏伝」中に組み込まれた。

このようにして、すでに第六章にも述べたように、賛仏の昂揚に刺戟されてかなりの神秘化（超人化・神格化）を帯びながら、仏伝にはほぼ定まったパターンができあがる。そしてその神秘化は翻《ひるがえ》ってこのサンガのニダーナに反映することになり、少なくともその増広に当たっては語句の超人化を含む諸変更が加えられ、形式も内容も整えられて、その編集による原文の確定を迎えた。

ほぼ以上のようなプロセスのもとに、この「仏教教団の成立」を説き示す「サンガのニダーナ」と、釈尊の生涯〔しばしばその誕生から始まり、多くはさらにその前世物語も備える〕を語る「仏伝」（ただしこの場合は、サンガ確立以後は省略され、したがって釈尊の生涯の後半は含まれない）との両者は、相互に深く緊密に関連し合いつつ、それほど遠くは離れていないほぼ等しい時期に、それぞれが所属する部派サンガの内部において完成し確立した、そしてそれが後代に伝承されて現代につながる、という私見が、この研究の基本の軸を貫いている。

以下、パーリ『律蔵』「大品」に関してその冒頭に置かれた第一節〜第二十四節の計二十四節の内容を検討し、以後にその全体像を考察する。

一

1 テクストに入るのに先だって一般的な事項を特記しておこう。

あらためていうまでもなく、日常の或るまとまった文章表現には〔ごく短い問答や感歎文の類いを除いて、また時代や地域や文化によってかなりの相違は見られるものの〕、ほぼ一定の決まりがある。すなわち、最も初歩的な事項ではあるが、その文は或る特定の標題を掲げ、文の全体は内容や形式などに応じて、「一」「二」と区分され、多く「章」や「節」などの一種の接尾辞を、また種々の語句を伴う。

ところが、この表現形式に関して、以上の標題や接尾辞の付けかたが、仏教のテクストを含むインドの古典では、いわば一般の常識にまったく逆行する。

判りやすいように例示しよう。

現代の文は、題名があり、章が先行したうえで文が始められ、ときには章名につづいて節名があって、それから本文が綴られる。さらにはほぼすべての文には最初に目次があって、上述の章や節の区分やその名称（見だし）を呈示している。

それに対して、インドの古典はその配置が正反対といってよい。まず何はともあれ、本文が始まり、それの終わった箇所に、最小の区分である「節」の語が置かれ、ときにはその「節」の名称が付けられる。つづいてまた本文があり、その終わりにたとえば「第二節」の語を置く。それらがときに延長して扱われて行って、それまでのいくつかの「節」の全体を閉じる「第一章」の語が登場する。そのあと直ちに本文があって、それらが進行して「節」で閉じ、またそれが反復して、いくつかの「節」の語のあとに、「第二章」の語がある。以下も同じ。こうして複数の「章」があり、それらの最後の「章」の掲載をもって、全文が終わる。そしてすべてを完了したその最後に、その文全体の標題がはじめて表示される。上述したように、現代の「目次」および文章の配分の並べかたとはまさしく逆に、インドの古典は綴られ語られ記されている。(目次のみが本の末尾という例は現代にもある)。

ただし、考えようによっては、ことばを用い話を交わすふつうの人にとっては、むしろこのインド古典の配置のほうが、ごく自然であり当然であって無理がない、といってよい。右に一般の常識と称したのは、人のことばの用法を、(家族・団体・学校・社会などを網羅した) 最も広い意味における種々の共同体内部の教育によって規範化し誘導して構築させた一種の社会現象としてのありかたにほかならないのではないか、とも考えられる。

もしもことばがコト・モノなどの名称や人々の間の日常直接のコミュニケィションに限られる場合は、そのようなことば（いわゆる会話言語）から成る文には、題も章も節もいっさい必要とされず現に存在しない〔であろう〕。それでも存在するとすれば、それは節・章・題の順に、いわば小から大へ、細から大へ、そして全体へと、あとから補足するほどの付加に委任されよう。〔大げさにいえば、共同体組織の整備や成熟とともに、いわゆる弁論や討議や申告陳述などにおいて、さらに文字を用いる文章ともなればより明確に、ことばのいわば統整的（regulativ）な使用が強制され、さらにそれは直ちに構成的（konstitutiv）な使用に転換されて瀰漫する。それらのプロセスの結果、上述の「一般の常識」に依拠する文が万人に拡大されているのではないか、と私は考える〕。(5)(6)

2

文章全体に或る種の区分が施されるさい、本稿の扱うパーリ語資料には以下の語が用いられている。それら（括弧内にサンスクリット語）にこの本稿の用いる私訳（とさらに括弧内に従来の慣用漢訳術語）を添えて示す。

vatthu（vastu）＝篇〔事〕
vagga（varga）＝品《ほん》または章〔品〕

khandhaka（skandhaka）＝部〔犍度《けんど》〕

vāra（vāra）＝分

ただしパーリ文（サンスクリット文）における以上の語の配列順序はかならずしも統一されてはいない（たとえば、「品」のなかにいくつかの「部」があり、その「部」のなかにまたいくつかの「品」があるなどの例も多く見られる）。

ただし本稿においては、パーリ文（サンスクリット文を含む）の慣例には背いて、上述の「現代の一般の常識」にそのまましたがい、いわゆる「見だし」に相当する数字（和数字と洋数字）を最初に置いてから内容となる文を記述して行く。

なお本稿ではとくに、右にあげた用語のほかに「節」と「項」という語を適宜用いる。また従来と同様、判明を期して、和数字が大きな区分を、洋数字がそのなかの小さな区分を示す。たとえば「三」のなかに「1、2…」とする。

パーリ『律蔵』はいうまでもなくスリランカ、タイ、ビルマ（ミャンマー）、カンボジア、ラオスなどの東南アジア仏教圏（＝南伝仏教、現在は上座仏教と呼称）において、過去（おおよそ紀元前三世紀半ばのアショーカ王時代）から現在までの長い年月にわたり（もちろんその長期間には種々の栄枯盛衰があり、それらを経て）信奉され伝承され堅持されてきた、といわれており（仏教史上ははるかに複雑を極める）、上座部＝分別論者＝長老部（Sthavira-, Vibhajja-, Thera-vāda）の伝統保持を謳《うた》う。(7)

パーリ『律蔵』の組織は従来の説明によれば、つぎの三部分より成るという。

㋑経分別（Suttavibhaṅga）

㋺犍度部（Khandhaka）

㋩付随（Parivāra）

右をあらためて説明しよう。

右の㋑の経（スッタ）は戒律の各々の条文をいい、その全体をパーティモッカ（Pātimokkha 波羅提木叉《はらだいもくしゃ》、戒本）と称する。それはサンガ所属の出家修行者（ビクとビクニ）がつねに遵守すべき諸規則を示し、それに違反すればサンガから罰を受ける。男性（ビク）は計二百二十七条あって、その罰は八種に分けられ、女性（ビクニ）は計三百十一条あり、七種の罰があげられる。(8)

㋺はサンガ（＝僧、仏教教団）のいわば運営に関わる諸規則を、たとえば教団への加入、その儀式や作法、また教団の行事、さらに㋑の罰則の実施方法などを示す。大品（マハーヴァッガ）と小品（チューラヴァッガ）との二つから成り、さらに大品は計十部（カンダカ）に、小品は十二部に分かれる。

本稿が扱う右の大品の冒頭にある「第一」は「大きな部」（マハーカンダカ）と称し、この部は計七十九の節を含む。なおこのパーリ文の「大きな部」は、同類の漢訳『四分律』（法蔵部）が「受戒犍度」と名づけ『五分律』（化地部）が「受戒法」と呼んでいるように、サンガへの入団―受戒に関する諸規定を詳細に述べる。（この「部」以降は本稿のテーマ・論考と無関係のため略す）。

㊁は右の㋑と㋺との補足で後世の作品。

以上を簡略化していえば、㋑ビク〔ビクニ〕個人に対する規定〔いわゆる私法〕、㋺サンガのいわば会則〔いわゆる公法〕、㊁補遺、となろう。

3

パーリ『律蔵』は南伝仏教圏の各地域には、パーリ文がそのまま諳誦され、またそれぞれの文字で記されている。[9] しかしそれ以外の日本や欧米などの地域ではほぼ、上述のオルデンベルクによってローマ字化された計五巻の刊本が用いられる。この刊本は当初（一八七八～一八八三年）の初版は単行本であったが、のち（一九二九年）にPTS版にそのまま挿入されて今日にいたる。最も正確で厳密な校訂により「ほとんど完全無欠」[10] との賞賛を浴びてすでに百年あまりの年月を刻む。

このオルデンベルク本＝PTS本は、右に説明した㋑㋺㋩の三つの部分の配列を㋺㋑㋩とする、すなわち、㋺の「大品」をその第一巻に、「小品」を第二巻に載せ、㋑は第三巻と第四巻とに、㋩が第五巻に配置される。

本稿に関連していえば、このPTS版の『律蔵』テクストでは、まず最初の第一巻に㋺の「マハーヴァッガ（＝大品）」があり、それがⅠ（＝第一部）〜Ⅹ（＝第十部）の計十部（カンダカ）に分かれ、そのⅠがこの第一巻の一〜九八ページを占める。なおこのⅠは〔上述のように〕計七十九節より成り、その節の番号を示す数字はパーリ原典どおりに節の末尾に記される。またその節の内容に触れる語がその節の末尾の数字の直前に〔数字と並んで〕置かれる。たとえば右の第一節の末尾は、

bodhikathā niṭṭhitā ‖ 1 ‖（ボーディ〔菩提（樹）〕の話　おわり‖1‖）

と結ぶ。ただしこの語がなくて数字のみの節も少なくない（『南伝大蔵経』のこの巻の訳者である渡辺照宏氏は、その「目次」において、語のない節にはみずから適宜の語を〔　〕内に補う。たとえば、〈六〔初転法輪〕〉。この〔　〕内の語は本文中にはない[11]）。そしてこのⅠの末尾には〔『南伝大蔵経』に数えあげているように〕計百六十九の語が並べられて、その最後尾には〈この部《カンダカ》には一百七十二篇《ヴァットゥ》（imamhi khandhake vatthu ekasataṃ bāsattati）〉と記すが、以上に記したこの末尾の箇所には錯乱や不明が多い[12]。

この稿はこれまで述べてきたように、まずこのPTS本の第一巻の最初の一〜四四ページを占める第一節〜第二十四節のパーリ文を研究資料とする。

ところで、パーリ律蔵は多くの註釈書が知られるなか、既往から今日まで五世紀のブッダゴーサ（仏音）の『サマンタパーサーディカー』（パーリ文）が最も広く篤い信頼を受けており、この刊本は高楠順次郎・長井真琴・水野弘元の三博士によってPTS版全七巻に収められた。なおこのパーリ文を底本とする漢訳の『善見律毘婆沙』十八巻は西暦四八九年の抄訳である。

この『サマンタパーサーディカー』の冒頭の「序」[13]は「三蔵」（律蔵・経蔵・論蔵）の成立についておおむねつぎのように記す。〈釈尊の入滅後まもなくマハーカッサパを中心に五百人の尊者（アラハット）が王舎城に集合した。まずウパーリが律蔵を〔上述の〕㋑㋺㋩の順に語り、それを全員が合誦した。つぎにアーナンダが経蔵を長部・中部・相応部・増支部・小部の五部として語り、ついで論蔵（の七部）が呈示された〉。これが第一合誦（paṭhama-saṃgīti 第一結集）であり、この「序」はあとに第二合誦、第三合誦、スリランカに仏教伝来とつづく。〔以上のブッダゴーサ説が史実を伝えているか否かは別の研究に属す〕。

おそらく右のブッダゴーサ説を考慮し、また古くから〔奈良時代の鑑真渡来以来〕などんだ『四分律』（や『五分律』）などに倣ったためであろうが、日本では、オルデンベルク刊のPTS本の邦訳『南伝大蔵経』第一巻〜第五巻の「律部」計五巻において、その配列を（なんの加注もないまま）原本とは変更し、本稿が扱う「大品」を「律蔵三」に下《さ》げ、また「小品」を「律蔵四」とし、（上述㋑の）「経分別」を「律蔵一」と「律蔵二」とに収める。また「附随」は「律蔵五」に置かれる。

パーリ律蔵研究の最も初歩的（基本的）な疑問に対する以上のいわば「もってまわった」説明によって、この本稿が〈パーリ律蔵「大品」の冒頭の計二十四節〉を扱い、しかもそれがPTS本『律蔵』第一巻の最初にあり、時に邦訳『南伝大蔵経』第三巻（律蔵三）に位置する（従来どこにも説明のなかった）という次第はほぼ判然となり、テクストにまつわる了解が得られた、と思われる。

二

1

パーリ『律蔵』（第一巻の「大品」）の冒頭の計二十四節は、釈尊の成道直後に始まり、サーリプッタとモッガラーナとが釈尊に帰依して、仏弟子千二百五十人から成るサンガが確立するまでの諸経緯を記す。〔ただしその途中に私の見るかぎり齟齬があり、それは「**四**」に後述する〕。

このパーリ文の記述を中軸とする文献学を含む研究は、経蔵中の関連する文、律蔵の諸本（漢訳の広律五本とトゥルファン出土『四衆経』Catuṣpariṣatsūtra）[14]、いわゆる「仏伝」にかかわる諸テクスト、とくに『ジャータカ』第一巻の「ニダーナカター」（因縁物語）などをすべて網羅した綿密で正確な対照が、すでに本書「第六章　**六**」に記したように、すでに中村元『ゴータマ・ブッダI』によって完遂されているので、本稿にはそのごく一部への言及を除いて、すべて省略する。

2

以下には、この第**一**〜**二十四**節の梗概を、努めて簡略化しつつ資料として提示する。なおそのなかの数箇所に登場する教義・教理の類はすべて付記しておく（これ以下は簡潔化を慮り、「節」の番号を和数字ゴシックで示す）。

一（1〜7）　釈尊は成道の直後、ウルヴェーラー（＝ブッダガヤー）のネーランジャラー河の岸の菩提樹のもとにあり、七日間、解脱の楽しみを享ける。〔十二支縁起を順と逆とさらに順逆に（計三回）思念）。詠歎の詩を三つ(15)。

二（1〜3）釈尊はアジャパーラ榕樹のもとに移り、同前。ひとりのバラモンが出現。バラモンに関する詩。

三（1〜4）釈尊はムチャリンダ樹のもとに移り、同前。七日間天候異変。ムチャリンダ龍王が出現して釈尊を守る。詩。

四（1〜5）釈尊はラージャヤタナ樹のもとに移り、同前。タプッサとバッリカという二人の商人が現われて食を布施、釈尊は鉢で受ける。二人は「世尊《バガヴァン》と法《ダンマ》と」に帰依する。最初に二帰依(16)を唱えた在家信者《ウパーサカ》。

五（1〜13）釈尊はアジャパーラ榕樹のもとに移り、みずから法の甚深で難解を思い、人々への説法を躊躇。世界の主《サハムパティ》である梵天《ブラフマー》が現われ、世の衰滅を歎いて説法を懇請。釈尊は黙然。再度、三度に及び、釈尊は人々への憐れみ《カルナー》からの説法を決意、その詩「甘露（＝不死）の門は耳あるものたちに開かれた……」。

六（1〜47）釈尊はだれに説くかを考える。アーラーラ・カーラーマに。かれは死んで七日。ウッダカ・ラーマプッタに。かれは昨夜死んだ。旧友の五人の修行者に。五人のいるバーラーナシー（＝ベナレス）に向かう（1〜6）。そこへウパカが来る、問答、釈尊の答え「私は一切勝者、一切知者、一切諸法に汚されず、一切を捨て、渇愛尽き、解脱、無師独悟、無上の師、唯一の正覚者」。ウパカ去る（7～9）。

釈尊はバーラーナシーの鹿の園に。その奢侈を蔑視していた五人は、逆に進んで迎える。

釈尊は五人に告げる、「如来は奢侈ではない、尊者《アラハット》、正覚者《サンマーサンブッダ》であり、不死を証得」（10～16）。転法輪経〈楽と苦との二辺を離れ、中道。八正道。苦諦（八苦）と集諦（渇愛）と滅諦（解脱）と道諦（八正道）の四諦。四諦を一つずつ示し勧め証するという三転十二行相。如実知見（17～28）。五人のうちコンダンニャがさとる〔法眼「生ずるものはすべて滅するもの[17]」〕。諸天が賛歎。釈尊がいう「コンダンニャはさとった」（29～31）。〉

コンダンニャ受戒「来たれ、法はよく説かれた、正しく苦を終滅させるため梵行を行ぜよ[18]」。

あと、ヴァッパとバッディヤとがさとる〔法眼〕、受戒。三人が托鉢し六人の集団生活[19]。

あとマハーナーマとアッサジとがさとる〔法眼〕、受戒（32～37）。

釈尊が五人に「無我相経」を説く〈五蘊＝色受想行識の各々について無我、無常、苦、「これはわがものではない・われではない・わが我《アートマン》ではない[20]」。五人は無執著。諸煩悩から心が解脱。〉尊者《アラハット》は六人となる（38～47）。

七　（1～15）　バーラーナシーの長者の子ヤサは侍女たちの醜悪な寝姿を見て家を去る。

釈尊に会い訓話（施・戒・生天など）を聞いて健全で柔軟となり、さらに四諦を教えられて法眼を生ずる。ヤサを探す母。また父は釈尊から四諦を聞き帰依、三帰依〔世尊《バガヴァン》と法《ダンマ》とビクサンガとの三語（tevācika)〕による最初の在家信者《ウパーサカ》（10）。父はヤサに対面、釈尊に教えられて供養し去る。ヤサの受戒。尊者《アラハット》は七人となる。

八（1〜4）ヤサの母とそれまでの妻は釈尊の訓話（施・戒・生天など）を聞いて健全で柔軟となり、四諦を教えられて法眼を生じ、三帰依。二人は三帰依を唱えた最初の女性在家信者《ウパーシカー》。

九（1〜4）ヤサの友人の四人（ヴィマラ、スバーフ、プンナジ、ガヴァンパティ）が同前。法眼を生じ受戒「来たれ、法はよく説かれた、正しく苦を終滅させるため梵行を行ぜよ」。尊者《アラハット》は十一人となった。

十（1〜4）ヤサの友人の五十人が同前。法眼。受戒。尊者は六十一人となった。

十一（1〜2）釈尊はビクたちにいう、「遊行せよ、人々の利益・安楽・同情のために。一つの道を二人で行くな（mā ekena dve agamettha)[21]」。悪魔が現われ「汝は縛られている」というが、釈尊は「縛を脱した」と斥ける。

十二（1〜4）[22] 釈尊は出家（pabbajjā）・具足戒（upasampadā）の儀式作法〔髪鬚を剃り黄衣《カーサーヤ》（袈裟）をまとい衣を一肩において、礼拝し蹲居《そんきょ》し合掌して「仏《ブッダ》に帰依、法《ダンマ》に帰依、僧《サンガ》に帰依」の三帰依を三度唱える〕を示す。〔三帰三唱が整備される〕。

十三（1～2）雨期を過ごし釈尊はビクたちに解脱の証得を説く。〔再び〕悪魔が現われ、釈尊は斥ける。**十一**と同じ。

十四（1～5）ウルヴェーラーへ。途中、逃げた女を探す青年とその友人三十人に出会い、釈尊が「女ではなく、自己を求めよ」と教える、訓話（施・戒・生天など）、四諦。青年たちの受戒(23)。

十五（1～7）釈尊はウルヴェーラーに到着。結髪のバラモンのカッサパ三兄弟と会う。ウルヴェーラ・カッサパは五百人の、ナディー・カッサパは三百人の、ガヤー・カッサパは二百人の結髪の行者を率いる。釈尊はウルヴェーラ・カッサパに〔以下**二十**まで六種余の〕神通を示して帰服させる。この**十五**（2～7）は火の神通を聖火堂で龍王に示す。

十六（1～2）四天王が釈尊に聞法。

十七（1～2）帝釈天が同。

十八（1～2）梵天が同。

十九（1～4）はるか北で托鉢して得た食をはるか南で食す神通。

二十（1～24）ぼろ切れの衣（糞掃衣《ふんぞうえ》）を洗い干す。火を燃やし消す。洪水の水中を歩むなどの神通。ウルヴェーラ・カッサパたちの帰順出家、受戒〔1～19〕。ナディー・カッサパたちの受戒〔20・21〕。ガヤー・カッサパたちの受戒〔22・23〕。三千五百の神通（pāṭihāriya）〔24〕。〔計千人のビク〕。

二十一（1～4）釈尊は千人のビクとガヤーシーサ山（象頭山《ぞうずせん》）にあり、告げる、「すべては燃えている。眼・色・眼識・眼触・眼触の受、鼻……意は、生・老死憂悲苦悩愁により燃えている。それを厭《いと》い、離れ、解脱」。千人のビクは執著〔取〕がなくなり諸煩悩から心が解脱。

二十二（1～18）釈尊は千人のビクたちとラージャガハ（王舎城）に移る。マガダ国王ビンビサーラが釈尊に会い帰依〔三帰〕して在家信者となり竹林園（Veḷuvana）をサンガに寄進。釈尊はそれを受ける。

二十三（1～10）王舎城にはサンジャヤが二百五十人を率い、そのなかにサーリプッタ（ウパティッサ）とモッガラーナ（コーリタ）がいて二人は親しい。サーリプッタは五ビクのひとりアッサジの托鉢の姿を見て感動し、その師を問い教えを訊ねる。アッサジは逡巡してから「縁起法頌」〔「もろもろのものは因より生ずる、如来はそれらの因を説く。もろもろの滅をも〔説く〕。偉大な修行者《サマナ》はこのように説く〔24〕」〕を世尊《バガヴァン》の教えとして答える。サーリプッタは法眼を得る。直ちにモッガラーナに伝える。モッガラーナも法眼を得る。

二十四（1～7）サーリプッタとモッガラーナは〔サンジャヤの徒の〕二百五十人を伴い竹林園へ。釈尊は二人の近づくのを見て「わが弟子の双璧となるであろう」と語る。二人は出家・受戒を乞う。釈尊は「来たれ（前掲）」。二人の受戒（1～4）。人々は偉大《マハー》な修行者《サマナ》が千人と二百五十人を出家させたことを毀《そし》る。「それは嫉《ねた》み」と釈尊は応じて、「如来は正しく導く」と説く。非難は七日で消える（5～7）。

以上で計二十四節を終え、後述する第**二十五**節に直結する。

三

1

右に提示したパーリ『律蔵』「大品」の第**一**節から第**二十四**節までの文を内容はそっくりそのまま単一の独立した経として伝えるのが、サンスクリット本の『四衆経』（CPS＝Catuṣpariṣatsūtra）である。このテクストについてはかつて拙稿「初期仏教の縁起説――パーリ「大品」と『四衆経』との比較――」[25]にかなり詳しく紹介した。以下には本稿に所要の事項のみを記す。

これはいわゆるトゥルファン出土本に属し、ヴァルトシュミット教授により計三巻本として校訂出版された。

この『四衆経』はおそらくチベット訳「律蔵」および義浄訳『根本説一切有部律』に含まれるテクストの一部[26]のいわば原本〔の写本〕に相当する〔であろう〕ところから、右の刊本では、見開き二ページを四分割して、サンスクリット文、パーリ文〔大品〕、右のチベット訳文、右の漢訳からのドイツ語訳の計四種のそれぞれ相当し合う文を配列している。なおサンスクリット出土本には多少の欠落があり、その箇所は校訂者がチベット訳からサンスクリット語に還元して（　）内に入れて補足する。また中村元『ゴータマ・ブッダI』は、パーリ文からの翻訳にかならずこの『四衆経』を参照してその邦訳には傍線……が付されている。この中村訳を眺めただけでも明瞭なように、『四衆経』はパーリ文よりも簡潔であり、多くの語・句・文を省くとはいえ、内容からすればほとんど相違がない。逆にいえば、『四衆経』の文にさらに多くの語・句・文を重ね加えてパーリ律蔵「大品」冒頭の二十四節は語られ守られ伝えられてきた、と見ることもできる。〔このようないわば簡略本と重厚本との二種ないしそれ以上の多種のテクストの伝承という例は、仏典に珍しくない〕。

『四衆経』は全体を第1～28節に分かつなかで、パーリ文の計二十四節のうちの第二節と第十二節との二節を欠く[27]。〔上掲の拙稿の末尾に、『四衆経』の第1～28の各節とパーリ

「大品」の各節との対照表を作成し掲載した(28)ので、それをそのまま本章の末尾に再録する」。

2

パーリ『律蔵』「大品」第**一**～**二十四**節のうち、『四衆経』に欠ける右の二節を除き、ただし後代の挿話めいた第**十四**節は含めて、計二十二節の文の内容を、前項**1**に記した資料からさらに凝縮して、以下に箇条書きに示す。（主語の「釈尊」と地名などを省略）。

①成道後七日間解脱を享受。
②二人の在家信者、二帰依（世尊と法に帰依）。
③さとりの自覚、説法躊躇。梵天の勧め。人々への憐れみから説法を決意。ウパカと出会う。
④ベナレス郊外で五人の修行者に四諦など説法。
⑤五人のうち、一人、つぎに二人、最後に二人がさとる、受戒、その間六人の共同生活、三人が托鉢。五ビクに五蘊無我などを説く。尊者《アラハット》は六人となる。
⑥ヤサの帰依、受戒。尊者は七人。
⑦ヤサの父、母、妻が在家信者、三帰依（三帰依にビクサンガが加わる）。
⑧ヤサの友人の四人が出家・受戒して、尊者は十一人。ついで五十人が帰依し受戒して

尊者は六十一人となる。

⑨遊行〔伝道〕の勧め。悪魔の出現と消滅。三十人への説法。

⑩三カッサパの帰依、五百人、三百人、二百人の計千人が帰依、受戒。

⑪ビンビサーラ王が帰依、竹林園を寄進。

⑫サーリプッタとモッガラーナとが二百五十人とともに帰依、受戒。釈尊の布教への非難、七日で消える。

以上のパーリ『律蔵』「大品」第一〜二十四節の文の内容を最も短く項目化して羅列した右の①〜⑫を、格別の先入見もなく、まして偏見を混じえないで、そのリストを通覧するならば、釈尊の成道以後にスタートし、やがてその説法が実現して、最初に聴聞した五人が釈尊に帰依し受戒、その人数の増加による仏教教団の誕生、そしてその確立をもって終わる、というストーリー〔物語〕が万人の眼前に展開しよう。

換言すれば、これはまさしく「サンガ成立史」なのであり、「サンガ成立のニダーナ」にほかならない。すなわち、この全体は〔過不足なく〕一篇の物語としてサンガ形成の経緯を跡づけようと意図し、その意図・動機のもとに作成されている。〔もしも歴史的に最初に「仏伝」がつくられ〔他の漢訳諸律の示すように〕、その「仏伝」からこのパーリ「大品」の二十四節が抽出されて編集されたとするならば、それこそまさにこれが「サンガ成立のニダーナ」にほかならず、その製作の意趣は明白であると断言されよう」。
右の文中には、その第二十四節に「千人の結髪行者（jaṭila sahassa）」と「二百五十人の遊行者（aḍḍhateyyāni paribbājakasatāni）」の語は登場するとはいえ、両者を合わせた「千二百五十人のビク（aḍḍhatelasāni bhikkhusatāni）」という語は現われない。それにもかかわらず、初期の経蔵（パーリ五部、漢訳四阿含）に頻出するこの「千二百五十人のビク」という語を、右の律蔵「大品」の文は充分に意識し保証しようとしていることも、すでに明白であると評されよう。(29)

3

まえに記したとおり、パーリ律蔵の約半分（上述の㋑）はビクの遵守すべき二百二十七条の律を掲げる。そのさい、かならずその一条ごとにその条文を制定するにいたった来歴を説く物語、すなわちニダーナ（因縁物語）を掲載している。それならば、パーリ律蔵の他の半分（上述の㋺）に、そのビクの属するサンガ（教団）そのものの諸儀式や諸行事などを条文化して一種のいわば団体規約―会則を示そうとするにさいしても、やはり何よりもまず、サンガ成立のニダーナが、釈尊を主人公とし、釈尊はどのようにしてサンガを形成したか、その前後の事情や情況はどのようであったかなどをも含めて、当然のことながら、必要で充分なストーリーとして語られなければならぬ。そこで、このサンガ形成のニダーナを目ざし意図して、パーリ文の計二十四節が、また『四衆経』の計28節が創作された。そしてそれがその教団全員に熟知され、語り伝えられて、そのまま今日にいたる、と見なすのが最もふさわしいといえよう。

そしてそのサンガは、おそらく先行したにちがいない経蔵が常套句として登場させる「千二百五十人のビク」〔ときにはたとえば「五百人のビク」のように、それより少数の例もある〕の語に〔上述したように〕密に通じ合っており、この「千二百五十人のビクから成るサンガ」というイメージにまで到達し得てそれが〔ストーリーの結末に〕実現された時点において、〔さらに推理を進めれば、いささか唐突に「千二百五十人ビクのサンガ」への架橋を強行して〕、このニダーナは完結を迎える。

このパーリの二十四節の文中には、やはり経蔵において〔おそらく〕釈尊についで重視されるサーリプッタが登場する〔そのサーリプッタの親友であるモッガラーナも同伴される。なおサーリプッタは大乗経典や大乗論書にもいわば「小乗仏教」の代表としてしばしば引きだされる〕けれども、後世に「十大弟子」[30]として知られる著名な他の八人は、マハーカッサパもアーナンダもウパーリも、その他の多数の仏弟子たちは、姿も見せず、言及もされていないのは、右のような千二百五十人という一種の数合わせを目的とした当時のこのニダーナ創作の事情の故にちがいない。

なお、このパーリ文二十四節の記述＝サンガ確立のあと、それ以後の釈尊の活動に関して、資料は急激に減少する〔あるいは経蔵のうちのパーリ四部・漢訳四阿含の全体が資料に代わるとも見られる〕。それらを集約してたとえば中村本の六四一ページ以下などに記される。また本稿が資料とした第**二十四**節以降には、たとえば第**四十九**節にアーナンダ、ウパーリがその「ニダーナ」の一物語のなかに登場し、そのほかの仏弟子たちの名も挙げられている。(31) さらに仏弟子の五百四十七人の長老と四十四人の長老尼との前世の物語がパーリ「小部」に属す『アパダーナ』〔前世物語〕に含まれる。そのほか仏弟子をめぐる資料はますます拡大するが、これらはすべて本稿の考察からは外《はず》れる。

四

これまでの論述に関連の深い諸事項を記して行こう。

1　右のパーリ『律蔵』「大品」〔第一部〕冒頭を占める計二十四節の文は、全体としては

「サンガ（仏教教団）成立のニダーナ（因縁物語）」にほかならないが、その文中には、先にも触れたとおり、一種の断絶と見られる点が眼に止まり、その前後にとりあげられる記事は、ときに重点が移動し、ときには矛盾をはらむ。

その異変・屈折の明白な事項は主として二つ、すなわち、㈠前節「三」の①〜⑨のサンガ形成の最初から、⑩にカッサパ〔三兄弟〕帰依への移行、㈡その⑫のサーリプッタとモッガラーナのサンガ帰属、があげられよう。それらに関して以下に詳述する。

㈠について。成道後の釈尊をとりまく情況の描写は右の①〜②も（原文の第**一**〜**四**節）慎重で厳粛を守る。つづく③に説法決断があり、ウルヴェーラーから④のベナレスに移っての説法実現にいたり⑤の最初のサンガ形成まで（原文の第**五**〜**六**節）は、いわゆる「初転法輪」（最初説法）を宣べて、最初期の仏説の枠（と見なされていた「四諦」など）を語り、また釈尊と五ビクの計六人の尊者《アラハット》によるサンガの原初型を示す[32]。このラインは多少は薄められる感もしないではないが、そのまま延長され、⑥のヤサの帰依、⑧のヤサの友人四人、そして五十人の帰依を経て、計六十一人の尊者から成る出家者サンガ、そして⑦のヤサの親属三人の帰依による在家信者のありようが彫塑される（原文の第**七**〜**十**節）。以後サンガは拡大に向かい、⑨は釈尊がビクたちに遊行を勧める（第**十一**節の前半。パーリ文のみの第**十二**節は出家—受戒の儀式作法を詳述する）。それは当然のことながら諸種の摩擦・抵抗・反対などとの遭遇を招き、それらは克服され排除される。そのさいの諸ケースが「魔の出現と斥逐」を説く底辺に潜む〔原文の第十一節の後半と第十三節〕。魔とは、仏教内の個人とサンガとに反抗し衝突する〔心的・物的または内的・外的な〕障害などのいっさいをシンボライズしていると解されよう。

以上を貫いたいわば一本の線はこの⑨で閉じられる。ここまでは上述のように「無我」「四諦」の教説を中心に「梵行」「解脱」が専一とされた。そのいわば余韻はなお残り、ベナレスからの帰還の途における三十人への説法が補足される〔原文の第十四節。この人数はパーリ「三十人」、サンスクリット「六十人」、漢訳は「三十人」「五十人」「六十人」と混乱がある。またそれまでの「尊者」の数の加算はここでは消滅〕。

ところが⑩において、釈尊がウルヴェーラーに帰着すると、カッサパ三兄弟との対決に直面して、情況も内容も一変する。ここではひたすら釈尊の神変神通を過大に縷述し、龍王〔原文の第十五節〕、四天王〔第十六節〕、帝釈天〔第十七節〕、梵天〔第十八節〕の権威を利するなどもあり、計三千五百種の神変と誇張が目だつ〔第十九、第二十節〕。

この神変により釈尊は、カッサパ三兄弟の率いた千人を出家受戒させる。以後「千人のビク」と称し、かつてのベナレスにおける「六十一人〔と「三十人」〕」はサンガのビクの計数から消えてしまう。

この「千人のビク」に向かい釈尊は「山上の教え」を「燃える火」に喩えて説き、解脱を重視させる（原文の第二十一節）、また「千人のビク」とともにラージャガハに移り、ビンビサーラ王の帰依を受けて竹林園がサンガに寄進される（第二十二節）。

以上に述べた屈折点の前には最初のサンガ形成があり、後にはサンガの拡大と安定とが暗示される。

㈡について。この⑫はそれまでの文とまったく異なる文脈にあり、たとえば義浄訳『根本説一切有部毘奈耶』では、⑪までを『同破僧事』に、⑫のみを『同出家事』に置く。その⑫の内容はつぎのとおり。ラージャガハには当時いわば最高の哲学者（形而上学者）のサンジャヤがいた。その高弟のサーリプッタは、ベナレスにおける五ビクの第五番目の仏弟子アッサジからいわゆる「縁起法頌」を（断片的に）聴き、親友のモッガラーナとともに、サンジャヤの弟子二百五十人を率いて竹林園に赴く。二人を釈尊は歓迎し出家受戒させる（原文の第二十三〜二十四節）。

なお、この「大品」冒頭の計二十四節の全文のいわば末尾に置かれている「縁起法頌」は、この全文の最初すなわち第一節に、成道直後の釈尊に（いわゆる自内証ないしさとりの確認として）掲げられた「十二支縁起」説（それは「順」と「逆」と「順逆」との観察）と、相互に呼応し合っており、みごとな起承転結をとげる。〔またこの

「縁起法頌」は、本文の散文では上述の「転法輪経」中の四諦説における集諦と滅諦との、アッサジによる不備未完の要約のごとく提示されるが、その由来からは飛躍し独立して、この「頌」はそのまま多数の経にも論にも引用され[33]、さらにこの「頌」を刻す泥製の小塔などが現在は何千と発掘されているとの通報を受けて問題視される状況にある[34]」。

この⑫には釈尊とサーリプッタとの問答は全然なく、サンガの拡充のみが記される。はたしてその処置に批判がおこるが、それもやがて消える。こうしてサンガは支障を乗りこえて安定する。とはいえこの箇所には、やがて仏教の基本思想とされる「縁起説」を〔おそらくその理論化の確立者と目される〕サーリプッタ〔の名声〕をあげて紹介するという重大なヒントが提示されていて、仏教史上からもどうしても不可欠の基点を置く。そして同時に、先の「千人」と合わせて、ここに「二百五十人」の出家者を獲得したサンガは、〔上述したように〕ほぼすべての「経」に登場する「千二百五十人のビク〔サンガ〕」に到達し得た。

以上の㈠と㈡との二つの屈折は、すでに明らかなように、ウルヴェーラー、ベナレス、再びウルヴェーラー、そしてラージャガハという、変貌する場面の展開を束ねていることに関連する。そしてそれらの記事の断絶すなわち右の諸情況ごとの重点の転換は、おそらく後代のこの文の「作者」が諸伝承を勘案しつつ、種々のバランスなども熟慮して、このニダーナを最適と決定したのであろう。

ヤサの友人たちもさることながら、カッサパ三兄弟に率いられた千人、とりわけ元来サンジャヤの弟子であった二百五十人が、はたして原初のサンガにどのように加入して活動するのか、サンガ全体の融和が成り統合されつづけるのかを筆頭に、すでにこのサンガ形成時の直後から、数々の問題の萌芽は兆し始めていたかもしれぬ。なお、この作者が釈尊入滅後から部派分裂までの百年（別説二百年）間にほぼ確定したいわゆる原型（原始律蔵）をかなり忠実に守っているであろうこと、そしてそれに各種の〔「仏伝」と共通する〕デコレイションを重ねていることは、ほぼ疑問の余地がない。

2

すでに述べたように、パーリ『律蔵』のこの箇所全体は〔いわゆる「犍度部」に属して〕仏教教団＝サンガの運営・活動に関する諸規定を掲げる。そしてその冒頭の「大品」は「第一、大きな部」〜「第十、コーサンビーの部」に分かれるなかで、この「第一、大きな部」は、サンガが新しい弟子の参加を受け入れる〔現代風にいえば新入〕にさいしての諸事項を逐一列挙する。

この「第一、大きな部」は上述のように計七十九節より成り、その最初に置かれた第一～二十四節は、本稿が詳しく論述してきたとおり、サンガ成立の経緯を、その端緒から確立まで記載した。そのさいに、初期仏教の諸説が〔おそらく九分経から十二分経へと〕整備されつつあった当時、ようやく独自の一典型を構築し得た「ニダーナ」（因縁物語[35]）として、巧みにまとめられた。そしてここでは、当然のことながら、仏教の創始者である釈尊みずからが主人公であり、釈尊を主語として文全体が進行するところから、この「サンガのニダーナ」は〔やはり同時代に興り栄え始めた〕「仏伝」〔の一部〕として扱われる傾きも、免れ難い。

ともあれ右の二十四節の文により、そこに安定したサンガが語られ、その文にもとづいて、年月が過ぎ時代を経たのちに、その記述どおり現にサンガが活躍をつづけているなかに、このパーリ文が守られてきている。実際そこには、釈尊はすでにはるか遠い昔に入滅して現世からは去り現実の諸活動の一つ一つの直《じき》々の提示指導は仰ぎ得ないとはいえ、現存するサンガが多数のビク＝出家修行者たちのもとに運営されている。そしてそのサンガが存続し展開し継承され、さらに発展することは、同時に、たえず新しい弟子を迎え受け入れて行くことと表裏する。前者は後者を必然的に随伴する。

この新弟子のサンガへの入団は、右の「ニダーナ」に反復して語られたように、つねに

「受戒」という儀式を経由する。「受戒」はいわば現代風のイニシエイションないし入学〔入団〕の手つづきの一種と見なされよう。〔現代の日本人にはむしろ、キリスト教信者となるときの「洗礼」がよく知られていよう。それは神父か牧師からほぼ教会で受けるが、それに相当する仏教の「受戒」は淵原がはるかに古い。「受戒―授戒」の儀式は出家僧のもと仏教寺院で一般に広く行なわれており、この原典成立時から今日も全仏教圏に変わらない。ただし、日常生活に埋没する仏教信者が生前その儀式に参加し得ないケースでは、葬儀にさいして遺体に「受戒」が施され、そのときの戒名（法名・決号ともいう）によって仏教信者であることが証される。なお「ほとけとなる」「成仏」という日本の慣用語の起原は不詳という〕。

3

サンガに属する多数のビクたちのうち、或る年限以上に修行を積み重ねて戒律を知り徳が高いなどの諸条件に叶い安定していて信頼されるビクは、アーチャリヤ（ācariya, ācārya　阿闍梨、あじゃり。「師」＝先生の意）と呼ばれ、現代風にいえば「教授」に相当しよう。出家してあらたにサンガ入団を希望する新弟子は、このアーチャリヤのなかからみずからの指導者を選び決定する。この特定されたアーチャリヤが「和尚」（upādhyāya　おしょう、かしょう、わじょう）であり、いまの「指導教授」に相当する。この和尚は新弟子の出家―受戒の儀式などのいっさいをとりしきり、さらにその弟子の指導を生涯にわたって継続する。(36) なおこの儀式はサンガに公開で行なわれる。

本稿が資料としてきた「サンガ成立のニダーナ」が〔「大品」第一章第**一**節に始まり〕第**二十四**節をもって（サーリプッタほかの入団によって）完結すると、それに直結する第**二十五**節は、この入団―受戒を執行する「和尚」のありかたについて、つづいて第**二十六**節は「新弟子」について、種々のことがらを羅列して語り、また第**二十七**節はその諸事項への違反を排して斥ける。

第**二十八**節は、和尚がサンガに向かい新弟子に具足戒を授けることを、①まず表白し、②ついで三たびサンガの承認を問い、その許可を受ける、その①と②の儀式におけるすべての文言《もんごん》を伝える。第**三十一**節には、受戒儀式のさいにサンガの人数は十人または十人以上を要するという。以下は、たとえば授戒を許さない例を数多くあげる。その他、授戒―受戒―出家に関連のある諸事項が並べられたあと、最後の第**七十九**節は、ビクがいったん還俗《げんぞく》して再び具足戒を申請したさいには、どのように扱うかを規定している。

いずれにせよ、サンガ―仏教教団は、絶えることなく、出家修行を志す新しい弟子をこのようにして迎え受け入れて、その活動をスタートさせ、継続し展開して行く〔こうして現在にいたっている。また在家信者についてはすでに第七節に三帰依の受戒が説かれた」。

付言すれば、本稿の扱ってきたパーリ『律蔵』冒頭の箇所と共通する内容が、『四分律』のなかの「受戒犍度」の箇所[37]に、『五分律』(『弥沙塞部和醯五分律』)のなかの「受戒法」の箇所[38]に述べられていることは、すでに記した。ただし漢訳されたこれら二つの「律蔵」は、パーリ文が「サンガ成立のニダーナ」に徹しているのに対して、釈尊の成道以前に遡って、釈尊の生誕から成道までの「仏伝」を、さらにはそのいわば「前生」を、すなわち『四分律』は釈迦族の祖先を、『五分律』は釈迦族の歴史を物語り、いわば釈尊の一種の権威づけに類した要素が加えられている[39]。

註

(1) たとえば平川彰博士は『律蔵の研究』(山喜房佛書林、一九六〇年)から最新書まで終始、この箇所を「律蔵の仏伝」と呼ぶ。
和辻哲郎『原始仏教の実践哲学』(『和辻哲郎全集』第五巻、岩波書店所収)は、初期仏教研究の必読書とされて久しい。同書の刊行は昭和二年。それから七十余年後のいまも最良書の一つに数えられる。とりわけ冒頭の「序論　根本資料の取り扱い方について」は貴重であり、たとえばそのなかの「六」では、その一部に「律蔵の考察」をおこない、「五種以上の異本の対照」は委曲を尽くしている（全集三九〜四九ページ）。しかしながら、私見からすると遺憾ながら、「仏伝の最も古き、最も信用し得べき典拠とせらるるパーリ大品初頭の受戒犍度」（全集四〇ページ）といい、「仏伝」というドグマを免れていない。「因縁談」の語はしばしば登場するのに、これが術語の「ニダーナ」ではなくて、一般の普通名詞として使われている（全集四一ページなど）ことも大いに関係があろう。

（2）「ニダーナ」の語については本書の一六九〜一七一ページに詳述した。

（3）パーリ文の「経蔵」に用いられた原語に関してはマガダ語説がほぼ定着している。しかしパーリ文の「律蔵」と「論蔵」との原語は私の知るかぎり学界でもあまり問題とされていない（らしい）。

なお五世紀のブッダゴーサによるパーリ文註解の確立が揺るがないとすれば、当時ブッダゴーサの施した校訂は、現存するパーリ語テクストのすべて（主として「経蔵」五部と「律蔵」との全文）に、その文・句・語彙にまで及ぶとも考えられ得る。すなわちブッダゴーサはテクストの註釈のみならず、原文・原語の修訂などにも手を染めたのではないか。とりわけ原本の語彙と註釈書の語彙とのほぼ狂いのないほどの全同一致は、かえって右のような疑心を誘うほどの感を催させる。（なおパーリ経典の書写が紀元前二〜前一世紀になされたとしても、その当時の書写はどの範囲で、いつまで残存したのか、その伝承はどのようになっているのか——私たちにはほとんど判然としない）。

(4) このことをかつて拙稿〈初期仏教の縁起説――パーリ「大品」と『四衆経』との比較――〉(『思想』八〇一号、岩波書店、一九九一年三月、四〜一八ページ、著作集第四巻所収)につぎのように記した、〈……「律蔵」内部の仏伝が、仏説と考えられていた諸術語や諸思想を必然的に採用し伝誦して、テクストとして完成させるに当たっては、「律蔵」がそれら教理や教義そのものに関する諸問題の内部にまで立ちいることは、ほぼあり得なかった。すなわち、少なくとも縁起説・十二支縁起についていえば、その各種や展開の諸相その他は、いっさい「経蔵」に委ねられた。そしてその説の発展段階の(当時の)いわば最終の、それぞれに最も完全と見られた成果のみを、そのまま「律蔵」は導入した。〉(一三〜一四ページ)

右の拙文は「縁起説」の研究論文であったので「縁起説」に限定して論述したが、それ以外の諸説(四諦・八正道・中道・五蘊など)に関しても同種の推定が当てはまる、と断言されよう。なお右の拙文を記した当時、私自身も諸先学に倣って、この「大品」冒頭の文を「仏伝」(の一部)と扱っていた。

(5) 「ことば(言語)とは何か」の定義はむずかしいが、また私などにも興味深い。言語学が philology から linguistics に転身した(らしい)現在、その学界内の状況は承知しないとはいえ、その前衛のエッセイがときおり洩れて、私の関心は依然変わらない。最新刊ではたとえば田中克彦『名前と人間』(岩波新書、一九九六年)など。なお information という外国語は別としても、それの「情報」という日本語にはかなりの違和感が私にはある。

(6) この「統整的」と「構成的」という用語は、カント『純粋理性批判』が「分析論」から

「弁証論」に入って最初の、よく知られている「二律背反」（Antinomie）の論述において、とくに強調される。それは「世界は有限である」という定立《テーゼ》と「世界は無限である」という反定立《アンティ・テーゼ》との矛盾において、純粋理性の「経験的使用」における制約が、「課せられている」（aufgegeben）から「与えられている」（gegeben）へと展開して行くことに由来する。このテーマは多くのカント解説書に説明される。たとえば高峯一愚『カント純粋理性批判入門』評論社、一九七九年、三二八ページ。

（7） 簡便で判明な解説は平川彰「パーリ律」（『新・仏典解題事典』春秋社、一九六一年、一〇六～一一一ページ）。

（8） 日本で採用された律蔵は『四分律』であり、男性（ビク）には二百五十戒、女性（ビクニ）には五百戒を課すというが、それは概数をあらわす。最近、平川彰『二百五十戒の研究』全四巻（『平川彰著作集』第14～17巻）が公刊されて、この㋑のすべてが他の律蔵とも合わせて解明され尽くした（春秋社、一九九三～九五年）。

（9） 水野弘元『パーリ語文法』（山喜房佛書林、一九五五年）の「附録Ⅱ」には「南方諸国の文字」と題して、セイロン文字、ビルマ文字、タイ文字、カンボジア文字が示され、さらにローマ字、アソーカ王文字、梵仏典写本文字、悉曇文字、デーヴァナーガリーとの対照比較表も付加される。二三六～二四六ページ。

（10） 同書、一九八ページ参照。

（11） ＰＴＳ版にも「目次」はあるが、内容を一括して示すのみ。すなわち〈I. The Admission

to the Order of Bhikkhus, 1-24. The first events after Gotama's attaining Buddhahood. (1-4. His sojurn near the Bodhi tree. —5. Brahmā Sahampati exhorts him to preach the Doctrine. —6. He addresses the Pañcavaggiya Bhikkhus. —7-10. Story of Yasa, his relations and friends. ..... —23-24. Conversion of Sāriputta and Moggallāna.)〉

(12)『南伝大蔵経』第三巻、一七九ページの註57も「不明」という。なお同、註54~56を参照。

(13) この「序」の邦訳がある。長井真琴「一切善見律註序」(『南伝大蔵経』第六十五巻所収)。この邦訳の一八~二四ページ(PTS本の第一巻一三~一八ページ)は第一合誦における三蔵の成立を記す。

(14) 漢訳五本は、説一切有部の『十誦律』、法蔵部の『四分律』、化地部の『(弥沙塞部和醯)五分律』、根本説一切有部の『根本説一切有部毘奈耶』、大衆部の『摩訶僧祇律』。またサンスクリット本『四衆経』については本文中に後述する。

(15) この三つの詠歎の詩は、『四衆経』のトゥルファン出土の写本原本には欠落し存在しない。括弧に入れて提示された文はすべて、校訂刊行者のヴァルトシュミット教授によりチベット文から復元されたサンスクリット文であり、しかもこの**一**の全文はその位置が以下の**三**のあとにずれる。それらの詳細は右の註4に記した拙稿に論述した。

(16) 二帰依に関する詳説は、平川彰『律蔵の研究』「第五章 二 2 二帰依の信者」五四一~五四五ページ。中村元『ゴータマ・ブッダI』四三四~四四一ページ。

(17) この「生ずるものはすべて滅するもの」(yaṃ kiñci samudayadhammaṃ sabbaṃ taṃ

nirodhadhamman）の文はパーリ文のみに登場して、サンスクリット本にもチベット訳にも漢訳にも見あたらない。上述（註4）の拙稿、一一ページ、また拙著『初期仏教の思想』（レグルス文庫版、第三文明社、一九九五年）の中巻の三六三〜三六四ページ、三七五ページ、著作集第二巻、三四〇ページ、三四九ページの註11を参照。

(18)「来たれ…」(ehi..., svākkhāto, dhammo, cara brahmacariyaṃ sammā dukkhassa antakiriyāyā）の文はしばらく受戒の句。やがて三帰三唱に変わり、最後に具足戒に固定して受戒の儀式が完成する。その全体をこの「大品」の「大きな部」は説明する、と平川博士はとくに強調する。「来たれ」は「善来」と漢訳、平川、同書、五四五〜五四七ページ、五六九ページの註32を参照。

(19)「三人托鉢」についてはとくに中村、同書、四八四ページ参照。

(20) このパーリ文（"n' etaṃ mama, n'eso 'ham asmi, na me so attā." PTS. *Vinaya*, vol. I, p. 14）に相当する箇所は『五分律』（大正蔵、二二巻、一〇五上）は「非我」のみ、『四分律』（同上、七八九上）は「非我非我非我所非我所」といい、また『雑阿含経』（三四）は「彼一切非我非我所」また「非我非我所」（大正蔵、二巻、七下）とあり、パーリの三項に対して漢訳は二項のみ（「わが我」を欠く）。

なおこのあとに、漢訳もパーリ文もつぎの著名な文を置く「我生已尽、梵行已立、所作已作、(自知）不受後有」（大正蔵、二巻、八上）＝"khīṇā jāti, vusitaṃ brahnacariyaṃ, kataṃ karaṇīyaṃ, nāparaṃ itthattāyā." (*ibid.*)

(21) このパーリ文に開し、中村元『ゴータマ・ブッダI』五二〇ページ註9に詳しい説明がある。また『南伝大蔵経』第三巻三七ページは、なぜかこの「一つの道を二人で行くな」の訳文を欠く。

(22) この「十二」はパーリ律蔵のみにあり、明らかに後代のこの部派だけの付加。平川、上掲書、「4　三帰依具足戒」(五五〇~五五四ページ)。それによれば三帰依具足を『五分律』は認めず、『四分律』は禁じているという。

(23) まえの「十」までは尊者《アラハット》の人数を(六十一人まで)詳細に数えあげてきたのに、この「十四」ではウルヴェーラーへの途で、もはや計数を放棄する。またこの「十四」の文を中村元、五七一ページは、「なにかつくり話のような感じもしないではないが、しかしともかく機智に富んだ、おもしろい物語である」と評する。

(24) このパーリ文はサンスクリット文(『四衆経』)にもチベット訳文にも漢訳諸本にもすべて合致する。上掲(註4)の拙稿の註37にそれらを列挙した。

(25) 上掲(註4)拙稿を参考。なおこのトゥルファン出土『四衆経』のヴァルトシュミット刊行本は三巻(一九五二、五七、六二年)より成る。その第三巻冒頭の「まえがき」によれば、二巻の刊行後ギルギット本があらたに発見され、それはトゥッチを介して、第三巻(第22章以下)の註に詳細な対照が果たされ、また第1~21章はヴァルトシュミットの別の論文に記述された、という。またこのギルギット本はその後ニョーリ(R. Gnoli)により一九七七年以降に刊行された。

(26)『根本説一切有部毘奈耶破僧事』第五巻、大正蔵、二四巻、一二四下の左二行～一三六下の左三行。および『同出家事』第三巻、大正蔵、二三巻、一〇二七中の右五行～一〇二八下の左一〇行。

(27) この第二節はパーリ『小部』のテクストの一つである『ウダーナ』(一・四)に同一の文がある。中村『ゴータマ・ブッダI』四二九～四三〇ページ参照。ただし漢訳の諸律蔵は相当文をまったく欠く。また「大品」の第十三節は第十一節とほぼ同文であり「四衆経」は略。また「大品」の第二十節の一部と第二十二節の一部も「四衆経」に欠ける。

(28) この対照表(この註のあと＝末尾に再録)の示すように、『四衆経』の第**1**、第**4**、第**5**、第**23**の諸節はパーリ「大品」には欠けているが、チベット訳にも漢訳(大正蔵、二四巻)にも相当箇所があり、この公刊本はそれらを掲載する。

(29) たとえば『長阿含経』に含まれる計三十の経は、第十四経を除くすべてに「大比丘衆千二百五十人」という。ただし第六経と第九経とは「千二百五十比丘」、また第七経と第十九経とは「五百比丘」という。

(30)「十大弟子」はつぎの十人、その列挙の順もほぼ一定している。すなわち、①サーリプッタ、②モッガラーナ、③マハーカッサパ、④アヌルッダハ、⑤スブフーティ、⑥プンナ、⑦マハーカッチャーヤナ、⑧ウパーリ、⑨ラーフラ、⑲アーナンダ。そのそれぞれにその特質を付ける(たとえば①「智慧第一」から⑩「多聞第一」まで)のは中国仏教の所産らしい。

(31) 仏弟子たちの各々については中村元『仏弟子の生涯　原始仏教Ⅲ』(中村元選集〔決定版〕

第13巻）春秋社、一九九一年が最も詳しい。

(32) ここにあげられた①～⑤すなわち原文の第一～六節は、「経蔵」に含まれる諸経典と共通する箇所が多い。とくに原文第一節の文全体は小部経典『ウダーナ』（一・一～三）の文を補足していることによって、たえず引用される。そのほか各所が『相応部』中のいくつかの経と共通ないし類似し、さらに右の文全体を通じて、本書「第六章」に引用した「聖求経」の後半の「仏伝」を語る箇所と（当然のこととはいえ）共通する。

以上の諸点はことごとく中村元『ゴータマ・ブッダI』（既述）に詳しく検討されている。そしてこのベナレスの最初の説法以後の「大品」の文（とくに三カッサパとの件、サーリプッタとの件など）は「経蔵」の記述から離れ遠ざかって行く。

(33) 中村元、上掲書、六三九ページ註2に詳しい。そのほかMahāvastu III, p. 62など。

(34) 下田正弘『涅槃経の研究――大乗経典の研究方法試論』春秋社、一九九七年、一四五～一四七ページ、五二五ページの註168と172。

(35) 「ニダーナ」が「アヴァダーナ」「ウパデーシャ」とともに、いわゆる「九分経」に加わって「十二分経」の構築を完成し華やかな活躍を展開することについては、本書の一八四～一八五ページに詳述した。

(36) このあたりの記述に関するパーリ律ほか漢訳の諸「律」に関しては、平川彰『律蔵の研究』（上掲）第五章「仏伝より見た受戒犍度の新古」の五一八ページ以下を参照。

(37) 『四分律』第三十一～三十五巻。大正蔵、二二巻、七七九～八一六。

(38)『五分律』第十五～十七巻。大正蔵、二二巻、一〇一～一一二。
なおこれらに関しては平川、上掲書、第六章、とくにその六三一ページの表を参照。

(39) このような補足は、『根本説一切有部毘奈耶破僧事』の一節や、『同出家事』の一部にも、またチベット訳『律蔵』にも拡大される。

付記

仏教とくに初期仏教の思想を研究しようと志すものは、ほぼ全員がいわゆる「経蔵」に向かう。それに倣って私もこれまでパーリ五部と漢訳四阿含などを渉猟し、諸資料から得られた卑見を拙著『初期仏教の思想』（東洋哲学研究所、のち「レグルス文庫」三冊、第三文明社、著作集第二巻に所収）に公刊した。

そのなかの一つに仏教思想の全体を貫く「縁起説」があり、その「縁起思想」を縁として、それへの言及を含むパーリ『律蔵』の「大品」へ、さらにサンスクリット『四衆経』へ、漢訳の諸「律蔵」への闖入《ちんにゅう》を余儀なくされた。

寺院生活の経験を欠く私からは、元来、「律蔵」は最も遠く離れていた。やむなく「律蔵」中に迷いこんで、さらに「仏伝」や「サンガ」「受戒」なども研究対象の視野に組みいれざるを得なくなったものの、この分野もまた、専門の深淵は初心者には近づき難かった。諸先学からも解明され得ず種々の探索を重ね試行錯誤の末に、敢えて本章「一の1」の「もってまわった説明」をパーリ『律蔵』研究入門用に陳述した。

『四衆経』と「大品」との各経対照表

四衆経	大品
1	——
2	**4** 1—4
3	**4** 4—5
4	——
5	——
6	**3** 1—4
7	**1** 1—7
8	**5** 1—13
9	**6** 1—6
10	**6** 7—9
11	**6** 10—16, 17—18, 33—35
12	**6** 23—29
13	**6** 29—31
14	**6** 19—22, 32
15	**6** 38—47
16	**7** 1—6
17	**7** 7—15
18	**8** 1—4
19	**9** 1—4
20	**10** 1—4
21	**11** 1—2 (**13** 2)
22	**14** 1—5
23	——
24 a	**15** 1—5 (cf. 6—7)
24 b-f	**20** 13—15
24 g-i	**16** 1—2, **17** 1—2, **18** 1—2
24 j	**19** 1—4
24 k-n	**20** 6—11
24 o-q	**20** 1, 4; 2, 5; 1, 2, 4, 5
24 r	**20** 16
25 a	**20** 17—19
25 b	**20** 20—21
26	**21** 1—4
27 a-b	——
27 c	**22** 1—5
27 d	**22** 6
27 e-f	**22** 7—12
28 a	**23** 1
28 b	**23** 2—5
28 c	**23** 6—10
28 d	**24** 1—2
28 e-g	**24** 3—7

初出一覧　章題変更の論文のみ原題を（　）に入れて記す。

一　インド仏教史の三分割　（インド仏教史の時代区分）『印度学仏教学研究』第三十五巻第一号　一九八六年十二月
二〈原始仏教〉を〈初期仏教〉に（〈原始仏教〉について）『東洋学術研究』第二十五巻第一号　一九八六年五月
三　インド仏教史の時代区分とブッダ観の展開　『東洋学術研究』第二十八巻第一号　一九八九年二月
四　ブッダと諸仏　（ブッダの根本義と大乗諸仏の出現）『仏教』第一号　法藏館　一九八七年十月
五「三蔵」「九分経・十二分経」について　（初期仏教の文献資料研究雑録――三蔵について）『大倉山文化会議研究年報』第五号　一九九四年三月
六「仏伝」について　（「仏伝」と「仏教教団の成立」と――パーリ律蔵「大品」による――その1）　同前　第七号　一九九六年三月
七　仏教教団とその成立　（同前、その2）『仏教学』第三十八号　山喜房佛書林　一九九六年八月
八　パーリ『律蔵』「大品」を読む　（同前、その3）　同前　第三十九号　同前　一九九七年十二月

解説

丸井　浩

本書の著者、三枝充悳先生は、私にとって大切な恩人のお一人です。また心から敬愛する先生でもありました。三枝先生から賜った数々のご恩に報いることのできないまま、先生が逝去されて十年以上の時が経過してしまいました。仏教ではなくインド土着の哲学研究を専門とする私が、先生の長年の仏教研究の精華が込められた『ブッダとサンガ――〈初期仏教〉の原像――』（法藏館文庫）に解説を書くのは、まことにおこがましい限りです。ですが、せめてものささやかな報恩の機会と感謝致し、むしろ先生との懐かしい思い出を辿りつつ率直な思いを今は亡き先生に捧げながら、本書の至る所にみなぎる三枝仏教哲学ともいうべき語りの世界に、読者の方々が少しでも親しみを持って戴く一助となるような、解説らしきものを綴ることができたらと願います。

どちらかといえば、三枝先生は気難しくて怖い先生だ、と思われている向きがあったかもしれません。東京大学インド哲学仏教学研究室主任を務めていた江島恵教教授（一九九九年五月夭折）も、今日はこれから三枝先生にお会いするんだと言われる時は、いつもかなり緊張している様子でした。そんなに怖い先生なんだといささか不安を覚えながら、昔風情あふれる世田谷線に乗り、最寄り駅から恐る恐る初めて先生のご自宅に伺ったのは、今からもう三十年以上前のことになります。当時、三枝先生は二つの本、『阿含経を読む上・下』（青土社、一九八九年）と『仏教入門』（岩波新書、一九九〇年）の出版を相次いで準備されている時でした。まだ定職のなかった私に、先生は両書のゲラ校正と索引作成の仕事を下さいました。前書のゲラ原稿最初の部分の校正済みのものを直接お渡しするために伺ったのが、最初のご自宅訪問だったような気がします。以来、先生宅に校正済みのゲラ原稿を持ってお邪魔し、夕食をご馳走になりながら歓談を重ねてゆくにつれ、いつしか先生とゆったりとした時をともにする心地よさを覚えるようになりました。

とりわけ、校正作業のやりとりを通じて、強く、深く心打たれたことがあります。私が先生に毎回お見せする校正原稿は、いつも赤字訂正や、鉛筆書きメモ、疑問符などの書き込み満載で、該当箇所がすぐに分かるように付箋が沢山貼られた状態でした。サンスクリットの原語などに関連する説明箇所への疑問やコメントが多かったかもしれませんが、時には文章表現や文体に触れるようなことも、遠慮せずに率直に意見を投げかけた校正でした。それでも先生は不快感を示されることは一度たりともありませんでした。いつも「丸井君、ありがとう」と仰って下さる先生の静かな声音が、今も私の耳底に残っています。三枝先生は、私にとって怖い先生であるどころか、私のような未熟な研究者の不躾とも言える疑問や些細な意見の一つひとつに、謙虚に耳を傾けて下さり、きめ細やかに応答して下さる、懐深くこころ優しい先生でした。

文体へのこだわりが並々ならぬものであることも、その時に先生から直接、伺いました。特に印象に残っているのは、「である」の文末表現を非常に嫌うという点です。『仏教入門』については、「である」で文を閉じる箇所は一つもないと断言しておられました。本書『ブッダとサンガ』も、「であろう」の文末は見かけますが、「である。」は見当たりません。なぜ「である」の文末を好まれないのか、その理由は伺いませんでしたが、恐らく、偉そうな(つまり軽薄な)断定表現の響きを嫌われていたのではないか、と勝手に想像しています。

このように先生との思い出は尽きませんが、そろそろ本題に入ります。本書は一九九九年に法藏館より出版された単行本を文庫本にしたものです。ただし、二〇〇四~〇五年に相次いで刊行された『三枝充悳著作集』全八巻との関係では、単行本の前半「I インド仏教史の時代区分とブッダ観」が著作集第三巻『バウッダ』に、後半の「II 初期仏教聖典について」は著作集第四巻『縁起の思想』にそれぞれ収録されていたものが、再びもとの形に戻ったことになります。いずれにせよ、基礎となっているのは先生が種々の学術雑誌に発表した合計八本の論文であり、前半は一九八六～八九年発表の論文四本、後半は一九九四～九七年発表の論文四本で構成されています。ちなみに前半第一章と、もとの論文とを比較すると、各節に小見出しが付いたことのほか、段落分けの細部や接続詞にごく一部変更が見られる以外は同一でした。学術論文を執筆するかなり前に、あらかじめ一定の大きな研究テーマや構想が先生の頭の中に用意されており、しかもどのような研究結果となるのかも、相当程度の見通しが最初から立っていたのでしょう。

三枝先生はもともと西欧の文学や哲学・宗教・思想に興味を持たれ、特にカント哲学とその後の宗教哲学に深く通じておられますが、太平洋戦争敗戦後の復学を機に「はじめて触れた仏教・仏教学は……格別の感銘と関心を呼び醒まし」、まもなく仏教研究者の道を歩み出すことになりました。その後、仏教研究を進めてゆく中で、「少数の素朴な疑念や不審」の念に直面しつつも、当初は初期大乗仏教思想、特にナーガールジュナの研究に集注し、つづいて初期仏教の研究へと向かわれました。（その成果はそれぞれ著作集では、第五巻『龍樹』と第二巻『初期仏教の思想』に収められています。）しかし、その「少数の素朴な疑念や不審」は拭い去ることができず、それを「溶解しよう」と思われて積み上げられた研究成果が本書に収められた八論文となって結実した、ということが本書「まえがき」

に記されています。

先生が長年抱かれていた「疑念や不審」の一つが、〈原始仏教〉という術語に対する「異和感」(「違和感」でなく敢えてこの漢字を使われているようです)でした。それを「〈初期仏教〉への改称により解消」した論考が、本書の第一章「インド仏教史の三分類」と第二章「〈原始仏教〉を〈初期仏教〉に」であり、またその時代区分の「いわば宗教哲学的根拠の一つとしてのブッダ観」の展開と諸相を論じた成果が、第三章と第四章に相当します。「原始仏教」には、初期・中期・後期といった一直線の時系列に解消しえない、宗教・思想の資源としての固有の意義が依然として認められているとはいえ、先生のこの画期的な提言は広く浸透して現在では「初期仏教」という言葉は、ごく一般的に使われるようになっています。従前はインド仏教史において、「原始仏教、部派仏教(かつては小乗仏教)、大乗仏教といった、或る特定の内容を含み固有の名称より成る区分」が一般的であったところを、そのような区分を仏教史に通じた専門家のみが用いてきた「ジャーゴン(jargon仲間うちの特殊用語)」と断じ、それを「いっさい捨てて」、初期・中期・後期という「まったく別のインド仏教史の三分法」が「最適」と考えられる——と、このような主張を打ち出されたわけです。そこには相当の覚悟が先生にあったはずですが、根底には、「インド仏教は、たんにインド学者および仏教学者のみの専有物」ではなく、「たとえば西洋哲学、キリスト教、中国思想、イスラーム思想などとともに、また新しくはいわゆる科学思想と並んで、一個の普遍思想として、全世界の思想家や哲学者たちをはじめ、全人類に幅広く迎えられ、あまねく共有されるのが、当然であり、必然でもあると考えられる」以上、もっと一般的、概括的な時代区分が必要であるという、ある種の使命感ともいえる思いが先生にあったことは、第三章の冒頭に記されています。

なお本書前半のもう一つの主題は、この時代区分の重要な根拠をなしている「ブッダ観の展開」ですが、これについては最後に述べます。

他方、本書後半は「初期仏教聖典について」として括られていますが、先生が最も力を入れられたのは第八章「パーリ『律蔵』「大品」を読む」ではなかったかと思われます。パーリ『律蔵』「大品」（マハーヴァッガ）冒頭の二十四節（章）は、釈尊（ゴータマ・ブッダ）が覚りを開いてから、二大弟子サーリプッタ、モッガラーナの改宗までの事蹟が述べられ、一般的には、「仏伝」すなわち釈尊の伝記（の一部）に相当し、「律蔵の仏伝」とも見なされ、仏教詩人アシュヴァゴーシャ作『ブッダ・チャリタ』に代表される後世の仏伝文学と比較すれば、文学的には素朴であるが、「仏伝記録として最も古いものの一つであり、歴史的にも価値がある」とされている資料です（『前田惠學集第一巻　釈尊をいかに見るか』、二六五頁参照）。ところが三枝先生は、「これらのこれまでの〔一種の〕定説に敢えて異を称え」、この箇所は当初は「仏教教団の成立（史）のニダーナ」を目ざしていたのではないか、という主張を掲げました。この箇所は一貫して釈尊が主人公であるとはいえ、釈尊の生涯（の一部）を描こうとしたのではなく、「釈尊がどのような動機から、どのようにしてどのような教説を人々に語りつつ、もっぱら共同体をどのように形成し、ないしは仏教教団を創設し確立したかというテーマを中軸に据え」た、サンガ設立のいわれ因縁（ニダーナ）を物語る重要な典拠として（少なくともその原型が）創作されたものではないか。さらには、「そしてそれをより鋭く穿って追究すれば、……釈尊の滅後すでに長い年月を経て、諸部派がその仏教をそれぞれに守り伝え拡げるなか、現に活躍・発展中の或る特定の部派（＝ここでは上座部）が教団《サンガ》の成立時を回顧しつつ、サンガそのものの正統性と妥当性とを物語り主張するという目的をもって、このテクストの原型を、やがては現存するテクストをつくりだした」と考えられるというのです。（以上、第八章「まえがき」による）

　ではどのようにして、そのような大胆ともいえる仮説が提示しうるのか。これについて私が駄弁を弄することは差し控えます。どうか先生ご自身の説明を味読して下さい。いずれにせよ、この自説を提示するに先立ってサンガ（仏教教団）とその設立を論じた第七章があり、「大品」冒頭の二十四節が仏伝資料と見なすべきか否かを考察する前に、「仏伝」

とは何かを考究する第六章があり、ではそもそも仏教聖典を総括する「三蔵」、あるいは三蔵に先行する「九分経」「十二分経」という仏典分類法とは何かが問題になるので第五章からスタートする、という趣旨で後半はひとつのまとまりをなしています。

こうして前半と後半は、別の角度から見ればそれぞれ「ブッダ（仏）」と「サンガ」が主題になっていることから、本書のメインタイトルは『ブッダとサンガ』となりました。

以上、解説として、せめてこれくらいのことは書かなければならないだろう、と思うところをまとめてみました。しかし、三十代後半に先生から仏教思想の手ほどきを受け、三枝仏教哲学の薫陶を賜った身としては、もう少し書き足したいことがあります。

「三枝仏教哲学」と敢えて「哲学」という言葉をここで用いたのには、相応の理由が私なりにあります。つまり、いかに権威ある定説として従来受け入れられてきた見解であろうとも、例外なく基本的に仏教に関わるすべての言明に関して、もし何か意見があればそれを表明し、もし何か疑問があれば、だれでもその問いを発して議論する自由がある——という、この大前提が三枝先生の仏教研究には一貫して認められるということです。ご自身、この大前提に立って、問いを発し続けられました。この思索の自由こそが、先生の仏教研究の中核をなしていると思われます。何ごとも根本から問い直し、自由に考えるという精神はまさに「哲学（する）」と呼ぶに相応しい学術の姿勢です。ただし私が思うに三枝先生の仏教研究の最大の魅力は、（先生なりの）宗教的関心がその哲学的思索に息づいているところです。とりわけ西洋の宗教哲学理論、神観念の探求に関わる諸概念（「理念から理想へ」「超越と内在」）を、ブッダ観の究明に適用するという比較思想研究の道を辿ることによって、（インド）仏教史全体をブッダ観の展開として見通す視座の可能性を大きく拓いたことは、特筆に値すると思われます。第三章に繰り広げられた「ブッダ観の展開」、ならびに第四章の「ブッダと諸仏」は、宗教としての仏教の中核をなす存在、ブッダ＝仏を、様々な角度から掘り下げ、深慮しようとする三枝仏教哲学のまことに豊かな思索の粋がみなぎっています。両章には数々の印象的な言葉が散りばめられていますので、どうかじっくりと読んで戴きたいと思います。日本仏教までに至る大乗仏教における多様なブッダ観を概観した上で、先生は次の言葉で締め括っています。

「ちょうど、唯一の神を信ずる全世界のキリスト教徒たちの抱いている「神」が、そのひとりひとりにはしばしば「田毎《たごと》の月」になぞらえられるのに類似し、もしくはそれ以上に大きな相異を、仏教徒は各自に描きながら、あの三帰依文に声を揃え合わせているというのが、最も正しい、といい得るであろう。」（一二九頁）

いささか唐突でありますが、この一文をこの度読み返して、以下のガンディーの言葉が思い起こされました。

「……わたしたちは、いまはまだたんなる求道者であり、真理の探求に従事し、わが身の不完全さを意識する身です。このように、わたしたち自身が不完全だとすると、わたしたちが心にいだく宗教もまた不完全であるにちがいありません。わたしたちは、いまだ神を実感し悟得していないのですから、宗教を完全には理解していません。わたしたちが頭に思い描いている宗教は、このように不完全なのですから、つねにそれは発展途上にあり、理解を新たにする必要があります。……」（ガンディー『獄中からの手紙』森本達雄訳、岩波文庫、六九頁）

「神」を「ブッダ（仏）」に、「宗教」を「仏教」に重ねて読み合わせる価値があるかと愚考します。ちなみに三枝先生のブッダ論は、著作集第三巻の「ブッダ総論」（本書には収録されていない）まで参照すると、さらにその膨らみが顕になると思われます。以下はその「ブッダ総論」の結びの言葉です。

「これらを総合してみると、ブッダは、まさしく人間の理念であり、理想でありつつ、しかもたんなる可能性だけではなくて、現実の姿なのである、ともいうことができるのではなかろうか。

少なくとも、人間は仏にも成り得る。しかし同時に、地獄をも、みずから奥に抱いている。こうして、人間が仏にも成り、また地獄にも顚落するというのは、決して死後のことのみではない。むしろ、仏も、地獄も、無限に聖なるものも、逆にこれ以上ない残虐無惨も、ともに現に生きているわたくしたち人間のありのままのありかたなのであり、この反映なのではあるまいか。

ブッダ総論は、こうして、現にその世に生きて、さまざまなありかたで、種々なる生を生きているそのままの人間に関する、赤裸々の人間論にほかならない、ということに帰着するであろう。」（著作集第三巻、四七五頁）

ひとつの疑問が立ち上がった時、「哲学する」はその問いに立ち向かうべく、しかるべき視点、切り口を設定した上で（ここには発想の豊かさが活かされる）、確たる論拠にもとづいた論理の道筋を辿りつつ一定の答えを見出そうとします。ところがその答えはファイナルアンサーではなく、また新たな問いが立ち現れるのを常とする。そしてその問い、答え、新たな問いという連鎖は、ひとりの思索の旅路には収まり切らず、別人をも招き寄せることがしばしばある。そのようにして「哲学する」のバトンリレー（哲学史）が生まれてゆく、といえるかと思います。

三枝仏教哲学では、「釈尊入滅と同時に始められ、七世紀以降の密教まで継続する」「インド仏教のブッダ観の変遷・展開」に対して、「西洋哲学のいわゆる神観念をめぐる宗教哲学の論述」、それは「西洋哲学の〔概略的ながら〕キリスト教にもとづく論述であり、……カントを中心とし、それ以後の展開にかかわり、年代的には十八世紀半ば以後に属する」論述ですが、そのような西洋近代以降の宗教哲学の論述を適用して、「統括的な理論構成」に挑戦しています（本書、七八頁からの抜粋）。本書第三章の「ブッダ観の展開」のエッセンスを、先生の説明文を適宜切り合わせて、手短にスケッチしてみます。

「「色身」の釈迦仏の入滅以降、時代を経過するにつれて、釈迦仏は一種の理念（Idee）的存在となり、仏身はいわば理身ということになろう。〔そしてそれとともに……超越化が進行する〕。この理身としての仏身は、やがて法身と命名される仏身に展開する」（八二頁）。以上の初期仏教のブッダ観は中期仏教に入ると、部派仏教においては「釈迦仏は完全に理念《イデー》化され、……一種の超人化ないし神格化が進められる」（八三頁）一方で、「進歩的とされた大衆部系のブッダ観に多仏思想が登場し、……理念《イデー》化された釈迦仏を、古代インド人の空想的な宇宙観により、……多数の〔一切〕三千大千世界にまで拡大」するが、これもまた「仏身の法身説とパラレルに歩む」理念としての仏にほかならない、と分析される（八四頁）。その後、「西洋の宗教哲学」の節（八四～九〇頁）が挿入され、「西洋の近年の宗教哲学理論のスケッチ」をした上で、神観念の探求に関する「理念《イデー》から理想《イデアール》へ」と「超越から同時に内在へ」という二つの方向性を援用して、「大乗仏教におけるブッダ観の展開」の論述がなされる（九〇～九七頁）。中期仏教に台頭する初期大乗仏教においては、「在家信者がひたすら求めた救済志向と、とりわけ関係が深い」「固有名詞をもった諸仏」が登場し、「その仏は、現実の苦境から理想境への救済を約束し、さらに進んでは、人々の切なる希求をそのまますみずからの誓願（本願）とするような性格が託されることになる」（九一～九二頁）。「これらの諸仏はまさしく理念《イデー》から昇華した理想《イデアール》の結晶であり、……それらへの絶対的な帰依・依存が初期大乗仏教の大半をリードして行く」（九三頁）。「理想《イデアール》の仏は完全な超越者として立つという性格を表明している」（九四頁）。他方、大乗仏教がさらに展開する後期仏教になると、ブッダ観は「超越から内在へ」という方向が「きわめて鮮明となる」（九六頁）。その方向性が具体化したものが、「いうまでもなく、如来蔵ないし仏性の思想がそれであり、当初は、そして本来は、如来・仏の立場から説かれたこの思想ないし術語が、やがては凡夫もしくは一切衆生の側からとらえられるようになり、いずれにしても、仏・如来の内在化は、或る意味において大きな飛躍を遂げる」（九六頁）。

ところで、三枝先生は第三節「西洋の宗教哲学について」の結びとして、「付言を添えるならば、マルティン・ブーバーの『我と汝』においては、超越者がまったく人格的な「汝」（Du）として立ち現われる、その如実を強調する」という二行を加えています。しかしこのブーバーの対話哲学とも言いうる思索に息づく神存在（「〈あなた〉としての神」）

を念頭においた論述は、その後の大乗仏教のブッダ観をめぐる考察に見当たりません。

もしこのドイツ・ユダヤ思想の対話哲学を、大乗仏教のブッダ観の解明に「援用」したならば、はたしてどのようなことになるだろうか？　このたび、本書『ブッダとサンガ』にほとばしる「ブッダ観の展開」をめぐる三枝仏教哲学を読み直して、筆者のこころに芽生えた最大の問いが、これです。とりわけ「救済者」として帰依すべき「超越者」たる仏が同時に「内在者」として立ち現れる時、その仏と結ばれる関係は「〈それ〉としての仏と（凡夫としての）〈わたし〉」か、それとも「〈あなた〉としての仏と〈わたし〉」か？「〈それ〉としての仏」に対するか、「〈あなた〉としての仏」に対するか、この違いを顕にする仕掛けとして、「仏は、〈わたし〉がいま悲しんでいるということを知っているだろうか」という問題設定をしてみましょう。仏は一切智者である以上、〈わたし〉がいま悲しんでいることも知っているはずだ、と論理的に結論付けるならば、その論理的思惟の対象となっている「仏」は「〈それ〉としての仏」です。一方、「〈あなた〉としての仏」に〈わたし〉が向き合い、みずからの思いを投げかけ、対話する関係が結ばれているならば、「〈わたし〉はいま悲しんでいます」と「仏」に訴えかければ、「仏」はそのことを知って下さるはずだ、ということになります。いずれの関係性において「仏」を思い、「仏」と対するのか、これはブッダ観として見ても、雲泥の差があると言わなければならない、と私は思います。

ではブッダ観を対話哲学の地平において考えてみる価値があるだろうか？　そもそも、このような考察に何ほどかの意義があるだろうか？　三枝先生がご存命であったなら、先生のご自宅にお邪魔して、夕食をともにしながら歓談する中で、この問いをさりげなく投げかけてみたかったと思います。この問いは、いわば先生が私に残して下さった置き土産かもしれません。非力ではありますが、三枝仏教哲学の門下の一人として、「仏教を宗教哲学する」思索リレーの末席に身を置くことができればと念じます。

令和三年二月九日

（東京大学名誉教授）

人名索引

(1) 本文および註にあらわれる人名を収録する。
(2) ブッダ（仏，釈尊）およびイエスは省略する。

カ

サ

タ

ナ

ハ

ヤ

ラ

ワ

三枝充悳（さいぐさ　みつよし）

1923年静岡県生まれ。東京大学文学部哲学科卒業、大学院（旧制）修了。ミュンヘン大学留学後、國學院大學助教授、筑波大学教授、日本大学教授、東方学院長等を歴任。筑波大学名誉教授。文学博士。Ph.D. 勲三等瑞宝章受勲。著書に、『東洋思想と西洋思想 比較思想序論』（春秋社）『インド仏教思想史』『世親』（いずれも講談社学術文庫）『仏教入門』（岩波新書）『大乗とは何か』（ちくま学芸文庫）『龍樹・親鸞ノート』『縁起の思想』『三枝充悳著作集』全8巻（いずれも法藏館）など多数。2010年10月19日、逝去。

ブッダとサンガ
〈初期《しょき》仏教《ぶっきょう》〉の原像《げんぞう》

二〇二一年三月一五日　初版第一刷発行

著　者　三枝充悳
発行者　西村明高
発行所　株式会社法藏館
京都市下京区正面通烏丸東入
郵便番号　六〇〇-八一五三
電話　〇七五-三四三-〇〇三〇（編集）
〇七五-三四三-五六五六（営業）

装幀者　熊谷博人

印刷・製本　中村印刷株式会社

ISBN 978-4-8318-2620-6 C1115